WISSENSCHAFTLICHE BEITRÄGE AUS DEM TECTUM VERLAG

Reihe Politikwissenschaften

WISSENSCHAFTLICHE BEITRÄGE
AUS DEM TECTUM VERLAG

Reihe Politikwissenschaften

Band 48

Christian Otto

Die Grünen und der Pazifismus

Tectum Verlag

Christian Otto

Die Grünen und der Pazifismus.
Wissenschaftliche Beiträge aus dem Tectum Verlag:
Reihe: Politikwissenschaften; Bd. 48

ISBN: 978-3-8288-2799-8

ISSN: 1861-7840

Covergestaltung: Miriam Otto

Umschlagabbildungen Vorderseite: Plakat „Morgen?", Anlass Bundestagswahl 1980 © Archiv Grünes Gedächtnis Berlin, Plakatsammlung; Prominentenblockade, Demonstration am Atomwaffenstandort Mutlangen, Aufnahmedatum: 01.09.1983, aus: Archiv Grünes Gedächtnis Berlin, Fotosammlung © Archiv Grünes Gedächtnis Berlin, Fotosammlung/Fotograf: Ralph Rieth; Military Jet © istockphoto.com/RobHowarth; peace round sticker © istockphoto.com/PhotoHamster; Make Love, Not War! © istockphoto.com/winhorse; White Dove © istockphoto.com/suemack; Sunflower © istockphoto.com/konradlew; Photo Frame © istockphoto.com/hohos; Blank photo © istockphoto.com/t_kimura

Umschlagabbildungen Rückseite: Plakat „DIE GRÜNEN ökologisch, sozial, basisdemokratisch, gewaltfrei" von 1979 © Archiv Grünes Gedächtnis Berlin, Plakatsammlung; Kundgebung in Sallahn (Ort im Landkreis Lüchow-Dannenberg), Gegen die Stationierung atomarer Mittelstreckenraketen im Folge des NATO-Doppelbeschlusses, Aufnahmedatum: 24.03.1983 © Archiv Grünes Gedächtnis Berlin, Fotosammlung/Fotograf: Ralph Rieth; Green nuclear disarm sign © istockphoto.com/John_ Woodcock; Panhar M11 KFOR column (Kosovo) © istockphoto.com/al_fernandes; Anti War Demonstration (No war) © istockphoto.com/Christopher Steer; Photo Frame © istockphoto.com/hohos; Blank photo © istockphoto.com/t_kimura

Druck und Bindung: CPI buchbücher.de, Birkach

Printed in Germany

Besuchen Sie uns im Internet
www.tectum-verlag.de

Bibliografische Informationen der Deutschen Nationalbibliothek
Die Deutsche Nationalbibliothek verzeichnet diese Publikation in der Deutschen Nationalbibliografie; detaillierte bibliografische Angaben sind im Internet über http://dnb.ddb.de abrufbar.

1 **Einleitung** ... **7**

2 **Theoretische Betrachtungen des Pazifismus** ... **11**

2.1 Begriffsdefinition von Frieden, Gewalt und Krieg ... 11

2.2 Die Ursprünge des Pazifismus ... 15

2.3 Kategorisierung in Mittelpazifismus und Zweckpazifismus ... 20

2.4 Mittelpazifismus ... 22

2.5 Zweckpazifismus ... 28

3 **Grüne Friedensprogrammatik in den Anfängen** ... **35**

3.1 Die Grünen und der Kalte Krieg ... 35

3.2 Das Bundesprogramm von 1980 ... 37

3.3 Die Unterstützung des Krefelder Appells und des Aufrufs der Bertrand Russell Peace Foundation ... 42

3.4 Das Friedensmanifest ... 43

3.5 Der Grüne Wahlaufruf von 1982 ... 47

3.6 Die Grüne Bundestagsfraktion ... 48

3.7 Zusammenfassung ... 51

4 **Wandel des Grünen Pazifismus durch historische Zäsuren** ... **53**

4.1 Der Bosnien-Krieg, das Ende des Kalten Kriegs und die Grünen ... 53

4.2 Positionsveränderungen auf dem Länderrat in Bonn ... 54

4.3 Die Bonner-Sonder-BDK als Reaktion auf den Länderratsbeschluss ... 57

4.4 Das Bundestagswahlprogramm von 1994 ... 62

4.5 Die BDK in Potsdam nimmt positiv Stellung zu Blauhelmen ... 65

4.6 Fischers Brief an die Partei und die dadurch ausgelöste Diskussion ... 66

4.7 Die Bundestagsfraktion im Dissens zur Partei ... 72

4.8 Zusammenfassung ... 77

5 Pazifismus angesichts eines Krieges? 79

5.1 Der NATO-Krieg im Kosovo nach Grünem Regierungsantritt 79

5.2 Das Wahlprogramm von 1998 81

5.3 Der rot-grüne Koalitionsvertrag 84

5.4 Die Bundestagsfraktion fasst einen Vorrats-Kriegsbeschluss 85

5.5 Die Sonder-BDK von Bielefeld 89

5.6 Das Grundsatzprogramm von 2002 94

5.7 Kosovo-Nachwehen – Debatte über politischen Pazifismus 97

5.8 Zusammenfassung 102

6 Fazit 103

Literaturverzeichnis 115

1 Einleitung

Wäre vor dreißig Jahren die Frage gestellt worden, ob Bündnis 90/Die Grünen, damals noch die Grünen, eine pazifistische Partei ist, so wäre dies mit hoher Wahrscheinlichkeit sowohl vonseiten der BürgerInnen der BRD als auch von publizistisch tätigen BeobachterInnen nahezu einhellig mit Ja beantwortet worden. Denn zu dieser Zeit verdankten die Grünen einen nicht unwesentlichen Teil ihres Erfolges dem Eintreten gegen das vom Ost-West-Konflikt bedingte atomare Aufrüsten an der Seite bzw. als Teil der deutschen Friedensbewegung. Heute würde eine solche Frage nicht mehr dergestalt beantwortet werden. So fiel unter die Amtszeit der ersten rotgrünen Bundesregierung der erste deutsche Kampfeinsatz seit Ende des Zweiten Weltkriegs, der in der BRD für große Debatten sorgte und der an dem pazifistischen Nimbus der Grünen rührte. Jener hatte einen gewichtigen Teil der Parteiidentität dargestellt, weswegen ihm ein hohes parteipolitisches Gewicht zuteil wurde.

Für die einen verabschiedeten sich die Bündnisgrünen spätestens ab diesem Zeitpunkt vom Pazifismus, da ein Militäreinsatz ihrer Einschätzung nach partout nicht mit einer pazifistischen Selbstverortung vereinbar ist. Als pazifistisch könne nur die Periode von Bündnis 90/Die Grünen bezeichnet werden, in der sich die Partei dem Militär als ein Mittel der Außenpolitik verweigerte. Für andere hingegen war der Verzicht auf das Militärische eine direkte Reaktion auf den Ost-West-Konflikt bzw. auf dessen atomare Bedrohung, der eine solche pazifistische Verortung vonnöten gemacht hatte. Nach dem Ende des sogenannten Kalten Krieges hätte sich auch der Grüne Pazifismus dahingehend ändern müssen, dass er in Ausnahmefällen - wie etwa bei massiven Menschenrechtsverletzungen in Form von ethnischen Säuberungen - die Mittel haben müsse, solche Problematiken vermeintlich effektiv, also auch militärisch, anzugehen.

In dieser Auseinandersetzung um den pazifistischen Kurs der Grünen, der auch einen großen medialen Widerhall insbesondere seitens der Printmedien erzeugte, wurde von VerfechterInnen eines neuen pazifistischen Kurses der Versuch unternommen, die pazifistische Ausrichtung der Grünen Anfangszeit mit wertenden Bezeichnungen wie „radikaler Pazifismus" zu diskreditieren. Andererseits wurde Abweichungen von der einstmaligen Verortung schlichtweg der Pazifismus abgesprochen.

Damit stellt sich die Frage nach den Merkmalen eines Pazifismus. Was macht ihn aus? Kann er sowohl als Beschreibung für die Grüne

Ausrichtung der Anfangszeit als auch für die Bündnisgrüne Verortung nach einem bewaffneten Kampfeinsatz dienen? Wenn dem so wäre, läge die Vermutung nahe, dass pazifistische Charakteristika definitorisch sehr dehnbar sind. Denn wie könnte eine Theorie eine dermaßen große Bandbreite an unterschiedlichen Politikvorstellungen unter ein und demselben Oberbegriff abdecken? Oder entspricht nur eine oder gar keine der beiden Parteiperioden den Anforderungen eines Pazifismus?

Diese Fragen waren Teil des Grünen Streits um die pazifistische Ausrichtung, der die Grünen ab dem letzten Jahrzehnt immer stärker – angefangen von untergeordneten Gremienbeschlüssen über offene Briefe und mediale Auseinandersetzungen bis zu Sonderbundesdelegiertenkonferenzen – beschäftigte und trotzdem bis heute nicht abschließend beantwortet ist.

Genau diese Auseinandersetzung ist die Hauptfragestellung dieses Buches: Entsprechen Grüne Programmatik und Grünes Regierungshandeln trotz eines Kriegseinsatzes immer noch pazifistischen Kriterien, und wenn ja, welchen? So ist zu untersuchen, ob es sich hierbei um einen analytisch nachvollziehbaren Befund oder um ein Bemühen von ParteivertreterInnen handelt, bei diesem Aspekt eine Kontinuität vorzugeben, die aber nicht auf einer pazifistischen Theorie fußt. Überdies soll untersucht werden, ob ein solches Urteil überhaupt für die Anfangszeit von Bündnis 90/Die Grünen analytisch begründet werden kann und wie sich etwaige Veränderungen in der Folgezeit gestalteten. Somit wird ein hier unterstellter Wandel der pazifistischen Ausrichtung, so es sich überhaupt um einen Pazifismus gehandelt hat, nachvollzogen.

Diese Fragestellungen, die Bündnis 90/Die Grünen im Fokus haben, sind eng verbunden mit analytischem Klärungsbedarf hinsichtlich des Pazifismus: Wodurch definiert sich dieser? Sind dessen Charakteristika so weit auslegefähig, dass sie für unterschiedliche Politiken in Anspruch genommen werden können, und wenn ja, wie ist es hierzu gekommen? Welche Differenzierungen können in einem solchen Fall vorgenommen werden und welche Handlungsanforderungen stellen diese auf? Ist es daran anknüpfend diesbezüglich zulässig, eventuell unterschiedliche Konzepte unter einen Oberbegriff zu fassen?

Um diesen aufgeworfenen Fragen Genüge zu tun, wird zunächst eine Definition von für den Pazifismus zentralen Begrifflichkeiten vorgenommen. Im Anschluss wird sich in ausführlicher Weise pazifistischen Theorien zugewendet, um ein analytisches Fundament für dieses Buch zu schaffen. So dienen die hier gewonnenen Erkenntnisse bzw. Deutungsschemata als Instrumentarium für die weitere Untersuchung.

Da eine die gesamte Parteigeschichte von Bündnis 90/Die Grünen umfassende Analyse eine für dieses Buch zu große Fülle an zu untersuchendem Material bedeuten würde, werden hierzu zentrale Zeitabschnitte gewählt, die als Kristallisationspunkte exemplarisch für die prozesshaften Diskussionen angesehen werden können. Für jeden Zeitabschnitt werden für die Parteiebene und die Bundestagsfraktionsebene die relevantesten Quellen untersucht.

Zuerst wird die unmittelbare Entstehungszeit der Grünen betrachtet, um Aussagen über die damalige pazifistische Verortung machen zu können. Der zweite Zeitabschnitt ist der wenige Jahre nach der deutschen Wiedervereinigung, anhand dessen etwaige pazifistische Wandlungen aufgrund des geänderten weltpolitischen Bezugsrahmens nachvollzogen werden können. Drittens betrifft dies eine Zeit, die dem deutschen Kosovo-Kriegsbeschluss unmittelbar vorausging und sich bis zur Pazifismus-Debatte im Jahr 2002 erstreckt, womit aufgrund des in dieser Rahmung stattgefundenen Krieges ein Kristallisationspunkt der pazifistischen Kritik an Bündnis 90/Die Grünen behandelt wird. In jedem dieser drei Kapitel wird die Partei unabhängig von der Bundestagsfraktion untersucht, um somit ein differenzierteres Bild von Grüner pazifistischer Politik zu erhalten und eventuelle Unterschiede zwischen Parteiprogrammatik und Parlamentshandeln herausarbeiten zu können.

Jedem die Grünen betreffenden Kapitel geht eine kurze historische Rahmung voraus, wobei hier das Hauptaugenmerk darauf liegt, das Beschriebene in Bezug zu den Fragestellungen dieses Buches zu setzen. Eine für sich stehende, ausführliche Behandlung der jeweiligen historischen Begebenheiten ist nicht das Ziel dieses Buches.

Des Weiteren endet jedes dieser Kapitel mit einer kurzen Zusammenfassung, um die Erkenntnisse der verschiedenen Unterpunkte in einen Zusammenhang zu stellen.

Die theoretischen Erörterungen zu Beginn des Buches bilden, wie erwähnt, das Analysewerkzeug, mit dem sich der Thematik genähert wird. Hierfür wurde auf neuere wissenschaftliche Literatur zurückgegriffen wie das Werk *Pazifismus als Diskurs* von Gertrud Brücher (2008) und *Pazifismus – Ideengeschichte, Theorie und Praxis* von Barbara Bleisch und Jean-Daniel Strub (Hrsg.) (2006), die sich in umfassender theoretischer Form dem Pazifismus nähern. Mit leichten Abstrichen, da hier ein Fokus auf Ideen zum gerechten Krieg liegt, gilt dies auch für *Der gerechte Frieden zwischen Pazifismus und gerechtem Krieg: Paradigmen der Friedensethik im Diskurs* von Jean-Daniel Strub und Stefan Grotefeld (Hrsg.) (2007).

Bezüglich Bündnis 90/Die Grünen existiert eine Vielzahl sowohl an wissenschaftlicher Literatur als auch an Büchern, die von ehemaligen oder noch aktiven Grünen verfasst wurden und denen aufgrund ihres meist subjektiven Charakters und einer damit verbundenen oft fehlenden wissenschaftlichen Herangehensweise, wie dem stringenten Nachgehen einer Leitfrage unter bestimmten Untersuchungsparametern, eine mangelnde Wissenschaftlichkeit attestiert werden muss. Zur wissenschaftlichen Literatur über Bündnis 90/Die Grünen zählen vor allem die Werke von Joachim Raschke, der mit *Die Grünen – Wie sie wurden, was sie sind* (1993) und mit *Die Zukunft der Grünen* (2001) bedeutende wissenschaftliche Bücher über Bündnis 90/Die Grünen verfasste, wobei diese lediglich die Bündnisgrünen im Allgemeinen untersuchen und nicht den Pazifismus der Grünen oder deren Außenpolitik im Besonderen. Zur Gruppe der nicht wissenschaftlichen Literatur gehören, um hier nur die relevantesten Werke zu erwähnen, *Das waren die Grünen* (2001), in dem sich die Autorin Jutta Ditfurth explizit in einem Kapitel mit dem Pazifismus der Grünen in Verbindung zur außenpolitischen Ausrichtung auseinandersetzt, und Joschka Fischers *Die rot-grünen Jahre* (2007), das einen starken Akzent auf die deutsche Außenpolitik legt und untergeordnet auf den Grünen Pazifismus eingeht. Diesen Büchern ist gemein, dass sie mit aufschlussreichen Perspektiven über den Grünen Pazifismus aufwarten, allerdings ist die Frage nach dem Grünen Pazifismus nicht ihr Hauptfokus und sie können wegen mangelnder Wissenschaftlichkeit nur eingeschränkt herangezogen werden. Ebenfalls zu dieser Gruppe gehörig, wenn auch aufgrund seiner wissenschaftlichen Herangehensweise anders zu betrachten, ist das Werk *Die Grünen und die Außenpolitik – ein schwieriges Verhältnis* von Ludger Volmer (1998). Aufgrund der Ausrichtung an der Grünen Außenpolitik werden hier pazifistische Belange stärker berücksichtigt, da eine Auseinandersetzung über den Pazifismus bei Bündnis 90/Die Grünen, wie gezeigt werden wird, eine Auseinandersetzung war, die auf dem Feld der Außenpolitik stattfand. Allerdings leidet diese Dissertation von Volmer zu stark an seiner damaligen Rolle in der Partei. Zudem werden dort pazifistische Analysen nur ungenügend theoretisch hergeleitet.

Insgesamt kann festgehalten werden, dass eine große Zahl von wissenschaftlicher und nicht wissenschaftlicher Literatur existiert, die jeweils für gewisse Teilaspekte dieses Buches herangezogen werden kann, wobei sich aber keines der Bücher der hier entworfenen Konzeption zuwendet.

2 Theoretische Betrachtungen des Pazifismus

In diesem Kapitel werden der Begriff des Pazifismus und seine theoretischen Definitionen einer ausführlichen Analyse unterzogen. Hierfür werden zunächst zentrale Begrifflichkeiten des Pazifismus definiert, woraufhin diese Definitionen im Folgenden in die Analyse des Buches einfließen. Die daran anknüpfende Behandlung der pazifistischen Geschichte soll nicht nur Aufschluss über etwaige historisch bedingte Differenzierungen geben, sondern zudem Verständnisansätze für heutige pazifistische Verortungen und Problematiken liefern. Des Weiteren wird auf die Differenzierungen des Pazifismus-Begriffs eingegangen und als Konsequenz dessen eine Unterscheidung des Pazifismus in Mittel- und Zweckpazifismus vorgenommen, um sich den Fragestellungen differenzierter und möglichst wertneutral nähern zu können.

2.1 Begriffsdefinition von Frieden, Gewalt und Krieg

> „In der Gegenwart wird der Begriff ‚Frieden' als Ziel politischen Handelns von fast allen politischen Gruppierungen in Anspruch genommen. Wie sich Frieden definiert, ist gleichwohl noch immer nicht abschließend und verbindlich geklärt - trotz der mittlerweile vorliegenden Flut an wissenschaftlicher und politischer Literatur zum Thema" (Lutz 2004: 24).

Über zentrale Pazifismus-Begrifflichkeiten wie beispielsweise *Frieden*, die somit für diese Buch relevant sind und eine hier vorgenommene definitorische Behandlung vonnöten machen, herrscht also in der Friedens- als auch in der Politikwissenschaft Uneinigkeit über ihre Auslegung (vgl. Lutz 2004: 23–27, 36–44).

Steht Frieden lediglich für die Abwesenheit von Krieg, was bei Kant mit negativem Frieden bezeichnet wurde und in vielen wissenschaftlichen Texten seitdem ebenfalls für das Phänomen eines nicht bestehenden Kriegszustandes verwendet wird, oder soll unter Frieden vielmehr ein ganzes Konzept verschiedener Maßnahmen verstanden werden, analog zu Kant mit dem Etikett *positiver Frieden*[1] versehen, das aktiv und dauerhaft den Frieden konstituiert? Eine solche Gegenüberstellung wird auch mit der Zuschreibung eines

---

1 Hier erfolgt zudem eine Wertung über die jeweiligen Adjektive, da beispielsweise Czempiel darlegt, dass auch ein negativer Friede anspruchsvoll bzw. erstrebenswert sein kann (vgl. Czempiel 2002: 46–48).

engeren und weiteren Friedensbegriffs vorgenommen (vgl. Lutz 2004: 24).

Es erscheint nach einem Jahrhundert mit zwei Weltkriegen und dem anschließenden so genannten Kalten Krieg zunächst logisch und folgerichtig, dass Frieden mehr sein muss als die pure Abwesenheit kriegerischer bzw. gewaltsamer Handlungen, dass Frieden im Sinne Kants dauerhafter Konstitution bedarf. Jedoch stellt sich an dieser Stelle die Frage, wie diese Konstituenten beschaffen sein müssen und wie bzw. ob sie genau definiert werden können, damit sie wissenschaftlich handhabbar werden. So geht die kritische Friedenswissenschaft zu Recht davon aus, dass auch die Bedingungen für kriegerische Konflikte wie Verteilungskonflikte berücksichtigt werden müssen (vgl. Lutz 2004: 30).[2] Diese Auseinandersetzung um die Frage, was Frieden ausmacht bzw. ausmachen soll, wurde in den Siebzigerjahren des letzten Jahrhunderts in bedeutender Weise von dem Friedensforscher Johann Galtung beeinflusst, der den Begriff der strukturellen Gewalt in die Debatte einführte. Diese läge dann vor, wenn Menschen eine solche Beeinflussung erfahren, dass ihre aktuelle somatische und geistige Verwirklichung geringer ist als ihre potenzielle Verwirklichung (vgl. Czempiel 2002: 44). Damit lenkte er erfolgreich den Fokus von der personalen auf die strukturelle Gewalt wie beispielsweise Diskriminierung bestimmter Volksgruppen durch staatliche Institutionen.

Gewalt ist demnach ein friedensstörender Faktor und eine derartige Trennung von personaler und struktureller Gewalt stellt für Galtung den Unterschied zwischen negativem und positivem Frieden dar (vgl. Mühleisen 2004: 42). Allerdings sind die jeweiligen Indikatoren wie der Abbau von Not, Vermeidung von struktureller Gewalt oder Verminderung von Unfreiheit (vgl. Czempiel 2002: 45), die nach VertreterInnen eines positiven oder weiten Friedensbegriffs einen solchen wissenschaftlich messbar machen sollen, unpräzise und auslegebedürftig (vgl. Mühleisen 2004: 43). Anhand welcher

---

2 Denn wenn beispielsweise nicht die Ursachen von Dependenzstrukturen angegangen werden, wie das Beibehalten von ungerechten, da protektionistischen Handelsstrukturen, durch die sich entwickelte Industriestaaten wie Staaten der Europäischen Union vor Importen aus Entwicklungsländern schützen bei gleichzeitiger Subventionierung der Exporte in letztere Länder, und diese Länder hierdurch ihrer Armutsproblematik nicht entgehen können, erhöht sich die Wahrscheinlichkeit innerstaatlicher oder länderübergreifender kriegerischer Konflikte. Im Umkehrschluss kann eine dem entgegenwirkende Politik friedensfördernd sein (vgl. Brock 1997: 407).

Kriterien beispielsweise sollte Freiheit bemessen werden? Wären hier lediglich bürgerliche Freiheitsrechte Parameter der Untersuchung oder sollten auch ökonomische Belange berücksichtigt werden, die für ein freiheitliches Leben eventuell nötig sind? Ab welchem Punkt könnte dieser Aspekt als erfüllt angesehen werden?

Darüber hinaus ist Gewalt als friedensbeeinträchtigender Aspekt, wie oben schon angedeutet, beispielsweise nicht nur ein bewaffneter Übergriff zwischen verschiedenen Personen, sondern es können auch Handlungen als solche betrachtet werden, die nach der Perspektive von pazifistisch Handelnden eigentlich eine in ihren Augen gewaltfreie Aktion wie eine Sitzblockade sind, die Blockierten aber diese Maßnahme wegen ihrer einschränkenden Wirkung als Gewalt ansehen. Das bedeutet also, dass auch pazifistisches Handeln, das den Anspruch auf Gewaltfreiheit erhebt, im Sinne der Galtungschen Erweiterung des Begriffs durchaus gewaltverstrickt sein kann. Dies geschieht, wenn, wie von PazifistInnen oftmals alternativ gefordert, statt eines bewaffneten Kriegseinsatzes Sanktionen wie Handelsbeschränkungen gegen ein bestimmtes Land verhängt werden, die es in seinen Entwicklungsmöglichkeiten einschränken (vgl. Brücher 2008: 21 u. 40). Das Werk Brüchers zeichnet sich durch, wie noch im Folgenden gezeigt werden wird, tiefgehende Analysen aus, die wichtige Aspekte behandeln, die in der Form nicht in der anderen Sekundärliteratur anzutreffen sind. Jedoch enthält ihre Arbeit einige Passagen, die deutlich über die Fragestellungen ihrer Arbeit hinausgehen und eher den Charakter von politischen Bewertungen haben (vgl. Brücher 2008: 46, 58, 100, 107, 108, 114, 181), die es aber zumindest ermöglichen, sie im politisch linken Spektrum zu verorten. Überdies sind einige ihrer historischen Vergleiche problematisch, da die bemühten Vergleichsgrundlagen konstruiert wirken (vgl. Brücher 2008: 77, 181).

Anerkannte Friedensforscher wie Egbert Jahn formulieren angesichts dieser begriffsgeschichtlichen und begriffssystematischen Situation in Bezug auf die Friedensproblematik eher resigniert: „Was Friede ist, weiß ich nicht“ (Mühleisen 2004: 43).

Dies führt hier aber nicht zu dem Folgeschluss, dass Frieden somit als wissenschaftlicher Befund nicht operationalisiert, also nicht verwendet werden kann und gewissermaßen in Konsequenz sich hier nur auf ein negatives oder enges Friedensverständnis berufen werden kann. Denn eine solche Konzeption von Frieden, also die Abwesenheit von Krieg bzw. von kriegerischen Handlungen, ist zwar wissenschaftlich besser zu eruieren, wenngleich auch hier schwierige, differenzierte Beobachtungen notwendig sind, die beispielsweise verschiedene Kriegsformen wie einen Bürgerkrieg, also einen innerstaatlichen Krieg, von einem zwischenstaatlichen Krieg unterscheiden (vgl. Mühleisen 2004: 43).[3] Es bestehen also auch bei einem engen Friedensverständnis Definitionsprobleme, da bestimmte Erscheinungsformen von kriegerischen Handlungen, wie gezeigt, nicht eindeutig zuzuordnen sind und es auch hier keinen feststehenden Kriterienkatalog gibt, ab wann beispielsweise ein Übertritt von Bandenrivalitäten, also eher herkömmlich kriminellem Verhalten, zu einem Bürgerkrieg zu konstatieren ist (vgl. Naßmacher 2004: 371f.). Zudem unterliegt ein enges Friedensverständnis der Gefahr, dass aufgrund unterschiedlicher Wahrnehmungs- bzw. Deutungsmuster ein Krieg nicht als ein solcher, sondern beispielsweise als humanitäre Intervention bezeichnet wird und somit auch hier definitorische Probleme auftreten (vgl. Brücher 2008: 34).[4]

Neben diesen hier aufgeführten Problemen, die eine Verengung auf ein negatives Friedensverständnis mit sich bringen würden, ist es auch wegen des hier zu Grunde liegenden Untersuchungsgegenstands Bündnis 90/Die Grünen nicht möglich, ein positives Friedensverständnis außen vor zu lassen, da die Grünen durch ihre vielfältigen Ursprünge wie der Nord-Süd-Bewegung oder vielen MenschenrechtsaktivistInnen als Gründungsmitglieder von Parteibestehen an, ausgedrückt durch ihre Programmatik, ein weites Friedensverständnis hatten, was auch in den Folgepunkten behandelt wird.

Zusammenfassend betrachtet existieren für Frieden, Gewalt und Krieg aufgrund verschiedener gezeigter Gründe keine einheitlichen Definitionen; diese können somit auch hier nicht vorgenommen, sondern lediglich die daraus resultierenden Problematiken können beschrieben werden. So steht ein negativer neben einem positiven Frieden, wobei Ersterer lediglich für die Abwesenheit von Krieg, der

---

3 Erschwerend kommen hier auch Mischformen in Betracht, wenn beispielsweise der Bürgerkrieg in Somalia und das kriegerische Eingreifen des Nachbarn Äthiopien in diesen Konflikt betrachtet wird.

4 Der so genannte Krieg gegen den Terror der USA stellt ein weiteres Beispiel für definitorische Probleme eines engen Friedensverständnisses dar, da dessen vielfältige Implikationen, die von Bombardierungen von Ausbildungscamps im Ausland bis zu Einschränkungen von Freiheitsrechten im Inland reichen, sich bislang gängigen Definitionsmustern eines Krieges entziehen. Außerdem ist an dieser Stelle eine positive friedenspolitische Perspektive geboten, die einerseits die Ursachen der Erklärung eines solchen Kriegszustandes untersucht und andererseits die Motive derjenigen, die eine solche Reaktion hervorgerufen haben, beleuchtet.

selbst definitorisch schwierig zu fassen ist, steht. Letzterer geht davon aus, dass Frieden zusätzlicher Förderung durch verschiedene nicht abschließend geklärte Maßnahmen bedarf. Beide Verständnisse offenbaren analytische Probleme. Darüber hinaus ist auch nicht eindeutig festgelegt, worin sich Gewalt als zentraler friedensstörender Aspekt manifestiert. So kann sie sich in intensivierter Form zeigen, beispielsweise in einem kriegerischen Angriff oder in einem strukturellen Gewaltverständnis, wenn beispielsweise das Recht auf Sprechen der Muttersprache durch staatliche Bildungsinstitutionen verwehrt wird. Somit wird hier von einem weit gefassten Verständnis des Gewaltbegriffs ausgegangen.

2.2 Die Ursprünge des Pazifismus

Die Ursprünge des Pazifismus gehen zum einen zurück auf die Anfänge des Christentums, als sich beispielsweise die ersten Christen dem Kriegsdienst in der römischen Legion verweigerten, da sie diesen im Widerspruch zu ihrer Religion bzw. zu dem christlichen Liebesgebot sahen. Zum anderen wird ein ideeller und praktischer Beginn friedensgeleiteter Bemühungen sogar noch früher verortet und zwar in der Zeit des indischen Königs Aschoka, der von 272–231 vor Christus lebte und nach einer Vielzahl von Kriegen zum Buddhismus konvertierte und in der Konsequenz Gewaltfreiheit in einem engen Friedensverständnis zu seinem Herrschaftsprinzip erklärte (vgl. Brücher 2008: 12). Jedoch sind diese frühen Ursprünge kein Zeugnis einer Jahrtausende alten, kontinuierlich ausgeprägten pazifistischen Tradition, da eine intensivere theoretische als auch praktische Auseinandersetzung hiermit erst in nennenswerter Form ab der Neuzeit einsetzte, was auf eine veränderte Kriegsführung, wie die weitaus größere Beteiligung jeweiliger Bevölkerungen und kriegstechnologische Neuerungen, zurückzuführen ist (vgl. Brücher 2008: 12).

Eine besondere Vielzahl von AutorInnen befasste sich ab dieser Zeit in theoretischer und schriftstellerischer Weise mit dem Thema Frieden, wobei hier zunächst, um nur die einflussreichsten zu erwähnen, Kant mit seinem äußerst richtungweisenden Werk *Zum ewigen Frieden*, eine philosophische Abhandlung über eine globale Friedenskonzeption, zu erwähnen ist, da diesem nicht nur in Form einer sehr großen internationalen Rezeption, sondern auch durch die Reaktion anderer AutorInnen eine umfangreiche Wirkmacht attestiert werden kann (Brücher 2008: 15). Überdies kann eine besondere Wirkmacht dem pazifistischen Roman *Die Waffen nieder* von Bertha von Suttner, der ersten weiblichen Friedensnobelpreisträgerin, zugeschrieben werden, da dieses ein großes Publikum in vielen verschiedenen Sprachen erreichte und mit seinen friedenspolitischen Vorstellungen beeinflusste (vgl. Kempf 1987: 32–40). Darüber hinaus zeigt sich aber auch die verstärkte Hinwendung zur Friedensthematik in schriftlicher Form durch Werke, die sich in konträrer resp. bellizistischer Weise hiermit befassten, wie das Werk *Vom Kriege* von Clausewitz, eines einflussreichen Militärtheoretikers.

Der Begriff des Pazifismus selbst, der sich von dem lateinischen Substantiv für Frieden *pax* und dem ebenfalls lateinischen Verb *facere* für machen oder herstellen ableitet und zusammensetzt, ist somit auch infolge der obigen Punkte eine relativ junge Erscheinung, da dieser erst im 19. Jahrhundert in Reaktion auf einen wissenschaftlichen Zeitgeist entstand. Anhänger der Friedensbewegung, die zuvor als *Friedensfreunde, Föderalisten* oder *Internationalisten* bezeichnet wurden und sich selbst dergestalt bezeichneten, wollten mit der neuen Bezeichnung *Pazifist* bzw. *Pazifismus* eine wissenschaftliche Fundierung ihres Bestrebens nahelegen in Reaktion auf den Sozialismus und Sozialdarwinismus, die in dieser Zeit die Diskurse bestimmten (vgl. Brücher 2008: 16). Jedoch war der Begriff *Pazifismus* gerade zu Beginn des 20. Jahrhunderts vor allem ein politischer Kampfbegriff und stand weniger für ein umfassendes in sich geschlossenes wissenschaftliches Konzept (vgl. Kater 2006: 90).

Dies galt auch aufgrund der Geschichte des Pazifismus bzw. aufgrund dessen verschiedener TrägerInnen mit unterschiedlichen politischen, sozialen und kulturellen Hintergründen. So bestanden und bestehen verschiedene Typen, vertreten durch verschiedene Gruppierungen, nebeneinander, oftmals für sich in Anspruch nehmend, dass nur ihre jeweilige Deutung eine pazifistische sei (vgl. Brücher 2008: 7). Diese TrägerInnen lassen sich für den Beginn der, wie oben erläutert, noch relativ jungen Pazifismusgeschichte in mehrere Hauptausprägungen unterteilen, welche sich bis in die Gegenwart hinein in eine Vielzahl von Untergruppen bzw. Ausprägungen pluralisierten[5]. Zu nennen sind hier religiöse PazifistInnen wie Mennoniten, Quäker oder die so genannten historischen Friedenskirchen resp. der *religiöse Pazifismus.* Michael Haspel sieht in seinem Beitrag *Die Grenzen des Pazifismus in einer Ethik der internationalen Beziehungen* zwei Ursprünge bzw. zwei Träger-Gruppierungen des Pazifismus und verdeutlicht, dass nicht der eine Pazifismus

---

5 Die für dieses Buch weiteren relevanten Ausprägungen samt ihren VertreterInnen, die aus den hier genannten hervorgingen, werden im weiteren Verlauf des Buches untersucht.

existiert: erstens ein christlich motivierter Pazifismus repräsentiert durch Quäker und Mennoniten und zweitens ein liberal-bürgerlicher Pazifismus. Letzteren differenziert er noch einmal in zwei Gruppen und zwar in einen existentiell-emotionalen Pazifismus, für den er Bertha von Suttner und ihr Umfeld als Beispiel anführt, und einen analytischen Pazifismus, der seinen Konzeptionsschwerpunkt auf eine bessere Organisation der internationalen Beziehungen legt (vgl. Haspel 2006: 180f.). Hier wurde sich allerdings an der Interpretation Lienemanns (vgl. Lienemann 2007: 75–80) orientiert, da sie durch die Beachtung weiterer wichtiger Träger-Gruppierungen eine differenziertere und vollkommenere Analyse liefert.

Der *religiöse Pazifismus* charakterisierte sich in friedenspolitischer Hinsicht in Bezug auf die Bibel über das Gebot der Feindesliebe und die Botschaft Jesu zu Gewaltverzicht dadurch, dass dessen TrägerInnen Gewaltfreiheit praktizierten und propagierten[6]. Nach diesem Gewaltverständnis wurden keine intensivierten Gewalthandlungen vorgenommen, wobei, wie erläutert, eine völlige Gewaltabstinenz allein schon aufgrund des Missionsgedankens nicht attestiert werden kann.

Diesen Gruppierungen des *religiösen Pazifismus* war allerdings auch aufgrund staatlicher Verfolgung zumeist, abgesehen von den historischen Friedenskirchen, kein Erfolg bezüglich ihres pazifistischen Ansinnens beschieden. Die historischen Friedenskirchen hingegen konnten die Friedensbewegungen des 20. Jahrhunderts mit ihren Vorstellungen wie der legalen Kriegsdienstverweigerung beeinflussen, da sie u.a. ein einigendes pazifistisches Fundament darboten (vgl. Lienemann 2007: 77f.). Dem *religiösen Pazifismus* kommt in Bezug auf dieses Buch die Bedeutung zu, dass er die Ausformung des Pazifismus, welcher ein völliges Gewaltverbot verlangt, maßgeblich beeinflusste, auch wenn dies nun auch überwiegend vor einem säkularen Hintergrund stattfand (vgl. Bleisch/Strub, 2006: 15).

Weitere frühe TrägerInnen des Pazifismus waren in akademisch-bürgerlichen VertreterInnen zu sehen, wobei hier zwei Ausprägungen zu differenzieren sind: zum einen ein *moralisch-weltanschaulicher Pazifismus*, der von einem großen Fortschrittsglauben in Bezug auf Wissenschaft, Technik und Organisation getragen wurde. Demnach

6 Hierbei existierten gewiss auch Ausnahmen wie die Gruppe der *Wiedertäufer mit dem Schwert*, die mittels Gewalteinsatz, letztlich erfolglos, eine ihnen genehme Gesellschaft formen wollten (vgl. Lienemann 2007: 78).

ließe sich mittels dieser Fortschritte qua Internationalisierung ein global-gesellschaftliches Fortkommen erreichen, das den Krieg überflüssig mache. Überdies war eine solche Konzeption vom Sozialdarwinismus beeinflusst, was hierbei also eine Auslese im Sinne derjenigen nahelegen sollte, die an einem solchen Fortschritt partizipierten. Symbolisiert wurde diese pazifistische Friedens-Vorstellung beispielsweise durch eine neue Titelgestaltung der einflussreichen Friedens-Zeitschrift im Jahr 1906, *Die Friedens-Warte*, die mehrere ineinandergreifende Zahnräder darstellte. Der technologisch-wissenschaftliche Fortschritt ersetzte demgemäß also vermeintlich sentimentale oder religiöse Friedenskonzeptionen.[7] Die Fehlbarkeit dieser hier beschriebenen Konzeption offenbarte sich in einem irrationalen, nationalistisch entfesseltem 1. Weltkrieg (vgl. Lienemann 2007: 78f.).

Zum anderen prägte sich ein weiterer Pazifismus der akademisch-bürgerlichen VertreterInnen aus, nämlich der *organisatorische Pazifismus*, der viele Berührungspunkte mit dem *moralisch-weltanschaulichen Pazifismus* aufwies wie dem, dass auch hier der Idee einer nationalen als auch internationalen Organisation des Friedens großes Gewicht beigemessen wurde, wobei das Hauptmerkmal des *organisatorischen Pazifismus* in einer völkerrechtlichen Gestaltung des Friedens lag. Diese Friedenskonzeption ist unter ein weites Friedensverständnis zu subsumieren, da sie die Ursachen von Krieg qua Völkerrecht in einem Kantischen Sinne bewältigen sollte.

Die bereits erwähnte Friedens-Warte öffnete sich beispielsweise mehr und mehr dem Völkerrechtsgedanken in Bezug auf den Frieden. Die ProtagonistInnen[8] des organisatorischen Pazifismus lehnten den Einsatz von Gewalt nicht prinzipiell ab, sondern erachteten ihn in bestimmten reglementierten Fällen für notwendig, um ein solches Friedens-Völkerrecht aufrechtzuerhalten. Gemeint waren in diesem Zusammenhang Kriegshandlungen, die im Weiteren auch

---

7 Ein konkretisierter Modus der Konfliktbewältigung wurde beispielsweise von dem *Verein für Socialpolitik* erarbeitet, wonach unparteiische Fachexperten wissenschaftlich fundierte Problemlösungen für gesellschaftliche und internationale Konflikte erstellen sollten (vgl. Lienemann 2007: 79). Eine solche Konzeption ist in ein weites Friedensverständnis einzuordnen, da hier der Frieden nicht bloße Abwesenheit von Krieg war, sondern über Regularien gestiftet und somit die Ursachen von Krieg angegangen werden sollten.

8 Zu erwähnen sind hier vor allem der ehemalige Herausgeber der *Friedens-Warte* Hans Wehberg, einer dessen wichtigsten Autoren, Walter Schücking, und Bertha v. Suttner (vgl. Lienemann 2007: 80/Holl 1988: 43f.).

als intensivierte Gewalt bezeichnet werden, als Rechtsdurchsetzung bei Rechtsverstößen.

Diesem Ursprung kann eine große Wirkmacht bis in die Gegenwart attestiert werden, da sich viele Friedens-TheoretikerInnen und PraktikerInnen noch heute auf diesem eingeschlagenen Wege befinden (vgl. Köhler 2007: 13–36/vgl. Delbrück 1997: 482–512).

Eine weitere Bezugsquelle des Pazifismus ist in Teilen der ersten Frauenbewegung zu sehen. Dieser Aspekt wird von Lienemann und Miller nicht erwähnt, wobei diese Nichtbeachtung der Frauenbewegung bezüglich des Pazifismus nach Maltry (1993) mit unserer patriarchalischen Gesellschaft zu begründen ist (vgl. Maltry 1993: 14f.). Diese befasste sich beispielsweise in den Neunzigerjahren des 18. Jahrhunderts über die hauptsächlich bürgerlich-nationale Dachorganisation Bund Deutscher Frauenvereine BDF mit der Friedensthematik bzw. mit einer Ablehnung des Krieges. Diese Thematisierung ist jedoch in vielerlei Hinsicht ambivalent zu betrachten, da zum einen diesbezüglich hauptsächlich eine biologistische Argumentation herangezogen wurde, wonach Frauen durch vermeintlich weibliche Eigenschaften wie Einfühlungsvermögen oder durch ihre reale oder potenzielle Muttereigenschaft in besonderer Weise dem Erhalt des Lebens verpflichtet seien. Zum anderen wurde diese Begründung durch das aktive und unkritische Eintreten des BDF für den deutschen Kriegseinsatz Lügen gestraft und offenbarte, dass die Frauenfriedensbewegung in Deutschland angesichts eines Krieges eine Minderheit darstellte (vgl. Maltry 1993: 54f.). Aufgrund des deutschen Verbots für pazifistische Aktivitäten wurde dieses Engagement auf internationaler Ebene wie auf dem Internationalen Frauenkongress in Den Haag 1915 weiter betrieben, wo beispielsweise die Einrichtung einer internationalen Organisation für den Frieden gefordert wurde. So ist nämlich bezüglich der Frage, wie die erste Frauenbewegung auf den Pazifismus einwirkte, festzuhalten, dass diese durch Kongresse sowie durch ihre Protagonistinnen wie Anita Augspurg oder Lida G. Heymann die Bedeutung und Ausgestaltung des organisierten Pazifismus mit beeinflusste (vgl. Holl 1988: 56).

Des Weiteren begründeten AnarchistInnen eine weitere Ausformung des Pazifismus, wobei diesbezüglich ein breites politisch-soziales Spektrum zu beobachten ist, das von Personen des so genannten dritten Standes bis zu AristokratInnen reichte. Auch hinsichtlich der Frage des Einsatzes von Gewalt für die Erreichung anarchistischer Ziele herrschten große Unterschiede. Einigender Aspekt war die Überzeugung, dass staatliche Gewalt abzulehnen und eine herrschaftsfreie Gesellschaft vorzuziehen sei (vgl. Lienemann 2007: 79f.). Hier ist gewissermaßen ein Vorgriff auf die Diskussion um strukturelle Gewalt zu sehen, da generell staatliche Strukturen als unfreie Faktoren für das Individuum betrachtet wurden.

Diese Ursprungs-Verästelung ist deswegen vor allem hinsichtlich der Gewalt-Frage interessant bzw. der Annahme von PazifistInnen, die einen starken Akzent auf den Zweck bzw. auf das Ziel legen und von der nationalstaatlichen Ebene ausgehend argumentieren, dass die dortige Rechtssetzung und Vollziehung auch mittels Gewalteinsatzes legitim sei bzw. ein Rechtssystem an sich Gewalt verschwinden lasse und damit folglich auch auf die internationale Ebene zu übertragen sei, was in den folgenden Kapiteln ebenfalls näher untersucht wird.

Es kann somit festgehalten werden, dass keine einheitliche Pazifismusdefinition[9] existiert, da dieser sich aus verschiedenen ideengeschichtlichen Quellen speist. Dies führte in der Konsequenz zu äußerst unterschiedlichen Verständnissen von Pazifismus, die oftmals in Auseinandersetzung zueinander um die Frage standen und noch heute stehen, welche Lehre wirklich eine pazifistische ist.

2.3 Kategorisierung in Mittelpazifismus und Zweckpazifismus

Demnach existiert mittlerweile eine Vielzahl an Pazifismusverständnissen, die sich durch unterschiedliche Begrifflichkeiten wegen unterschiedlicher Merkmale voneinander abgrenzen, wobei auch unterschiedliche Begrifflichkeiten für nahezu gleiche Pazifismusmerkmale auftreten.[10] Hierbei ist zudem zu beobachten, dass Be-

---

9 Was in diesem Buch aufgrund seiner Ausrichtung keine ausführlichere Behandlung erfahren kann und von Lienemann außer Acht gelassen wurde, aber dennoch wenigstens kurz erwähnt werden sollte, ist eine pazifistische Prägung, die ihren Ursprung in marxistischem bzw. sozialistischem Gedankengut hat, da dessen VertreterInnen davon ausgingen und ausgehen, dass eine nationale wie auch internationale Befriedung erst erreicht werden kann, wenn der Ursprungskonflikt, nämlich verkürzt gesagt die ungerechte Verteilung der Produktionsmittel, erreicht wurde. Gleichwohl war es für viele dieser VertreterInnen möglich oder gar nötig, für diesen Zweck einer klassenlosen Gesellschaft Gewalt einzusetzen (vgl. Miller 1988: 21-28/vgl. Cortright 2008: 260–262).

10 Beispielsweise hat der Rechtspazifismus sehr viele Überschneidungen mit dem institutionellen Pazifismus, wie noch später dargelegt werden wird (vgl. Brücher 2008: 90).

zeichnungen entweder von den VertreterInnen oder den GegnerInnen eines jeweiligen Pazifismus gewählt werden, die eine Wertung der jeweiligen Ausformung beinhalten (vgl. Nachtwei 2006: 304). So wird oftmals einerseits im öffentlichen Diskurs ein Pazifismus, der als seine Merkmale eine starke Negation eines Gewalteinsatzes aufweist, oftmals als radikaler Pazifismus oder mit der Terminologie Max Webers als Gesinnungspazifismus bezeichnet und damit in ein negatives Licht gerückt (vgl. Bleisch/Strub 2006: 23). Andererseits wird ein Pazifismus, der einen reglementierten Gewalteinsatz für die Konstruktion einer gewaltfreien Zukunft für möglich erachtet, im öffentlichen Diskurs meist über Begrifflichkeiten wie Verantwortungspazifismus oder realistischer Pazifismus positiv konnotiert. Diesem Umstand kommt vor allem im Rahmen dieses Buches eine besondere Bedeutung zu, da im Grünen Partei-Diskurs mit diesen wertenden Begrifflichkeiten politisch gearbeitet wurde (vgl. Volmer 1998: 494).

Um einer solchen Problematik zu entgehen, also einer vorab wertenden Kategorisierung, wird dieser Aspekt hier nicht nur thematisiert, sondern auch eine Einteilung in möglichst wertneutrale Begriffe wie Mittelpazifismus und Zweckpazifismus vorgenommen. Die Aspekte der Negation, hier die Ablehnung der Gewalt im Mittel, und der Konstruktion, hier die Ausrichtung auf den Zweck, sind auch nach Brücher (2008) entscheidende Unterscheidungsmerkmale der verschiedenen Pazifismen (vgl. Brücher 2008: 20f.). Bei Bleisch und Strub (2006) werden diese wichtigen Hauptunterscheidungsmerkmale in kategorischen und konditionalen Pazifismus unterteilt (vgl. Bleisch/Strub 2006: 15–23), wonach Ersterer einen Gewalteinsatz in allen Fällen untersagt und Letzterer ihn in bestimmten Fällen erlaubt. In diesem Buch wird der Einstufung Brüchers gefolgt, da diese beispielsweise wegen des Fokus auf den Konstruktionsaspekt im Zweck als besseres Analyseinstrument bzw. als ein besseres Abgrenzungsinstrument betrachtet wird, da eine Analyse, die wie bei Bleisch hauptsächlich die Frage des Gewalteinsatzes berücksichtigt, aufgrund des hier weit verstandenen Gewaltverständnisses Abgrenzungsprobleme bekommt. Lediglich der Übernahme der Begrifflichkeiten von Kriegsphilosophie und Friedensphilosophie wird hier nicht gefolgt, da diese missverständlich sind.

2.4 Mittelpazifismus

Bei dem Mittelpazifismus bzw. bei Pazifismen, die unter diese Überschrift zu subsumieren sind, handelt es sich um einen Pazifismus, für den das gewünschte Ziel des Friedens, also der postulierten Gewaltfreiheit, vor allem durch die Mittel realisiert wird (vgl. Brücher 2008: 22). Auf die Gewaltverstrickung eines jeglichen Handelns wurde oben bereits hingewiesen, da auch vermeintliches Nichthandeln, beispielsweise passiver Widerstand wie die so genannte Soziale Verteidigung, als Gewalt einzustufen ist, wenngleich dieser Gewalteinsatz gewiss deutlich niedriger einzustufen ist als aktiver bewaffneter Widerstand.

> „Die Art und Weise, in der Gewaltfreiheit mehr im Zweck oder mehr im Mittel verortet wird, ist von großer Bedeutung für die Praxis. Im kriegsphilosophischen Pazifismus ist Gewaltfreiheit hauptsächlich dem Mittel zugeordnet. Im Prinzip oder wenn irgend möglich, gilt es Mittel zu wählen, die das Friedensziel nicht mit Gewalt zu erreichen suchen" (Brücher 2008: 22).

Konkret bedeutet dies, dass beispielsweise auf einen kriegerischen Konflikt nicht mit kriegerischen, sondern vermeintlich gewaltfreien – gemeint sind, wie dargelegt, wohl eher gewaltarme – Mitteln wie beispielsweise dem Einsatz eines zivilen Friedensdienstes reagiert werden darf. Mittelpazifismen realisieren hiermit eine Mittel/Zweck-Symmetrie, also die Gleichzeitigkeit eines friedlichen bzw. gewaltarmen Mittels für einen friedlichen Zweck, anders als die Zweckpazifismen, durch ihren starken Fokus auf die Mittel schon ad hoc. Diese Mittel/Zweck-Symmetrie ist für diese Pazifismusgruppe konstitutiv (vgl. Brücher 2008: 22). Aber auch hier wird von Problematiken einer solchen Symmetrie ausgegangen. Zum einen weisen auch die erforderlichen friedlichen Mittel Gewaltmerkmale auf. Zum anderen stellt es ein Problem dar, eine Reglementierung der einzusetzenden Mittel vorzunehmen, da dieses das Erreichen des Zwecks gefährden kann (vgl. Brücher 2008: 39–42). Mittelpazifismen charakterisieren sich zudem über einen hohen Grad persönlichen Einsatzes der jeweiligen TrägerInnen bzw. nach Meinung von TheoretikerInnen, die Mittelpazifismen gegenüber kritisch eingestellt sind wie Martin Ceadel, über eine vermeintlich nahezu absolutistische Verweigerungshaltung in Bezug auf Konflikte (vgl. Alexandra 2006: 111). Es herrschen verschiedene Einstellungen zu der Frage, auf welche Art von Konflikt ein Mittelpazifismus angewendet werden soll. Für die einen kommen hier nur Konflikte in Frage, die als Krieg eingestuft werden, während andere jeden gewaltsamen Konflikt durch einen hier beschriebenen Mittelpazifismus beantwortet sehen (vgl. Grotefeld 2007: 101). Aufgrund des Grünen Diskurses wird hier der Fokus auf kriegerische Konflikte gelegt.

Des Weiteren ist der theoretische Gegensatz der Mittelpazifismen das jeweilig vorherrschende Verständnis vom Bellizismus. Denn die unterschiedlichen Pazifismen sind, wie gezeigt, in Reaktion auf intensivierte Gewalthandlungen erst entstanden (vgl. Brücher 2008: 18f.). Darüber hinaus sind Pazifismusverständnisse und damit auch Bellizismusverständnisse abhängig von den jeweiligen zeithistorischen Diskursen. Denn dadurch, dass Krieg und Frieden, wie geschildert, keine festen analytischen Größen sind, unterliegen deren Ausformungen neuen Interpretationen (vgl. Brücher 2008: 20).

Als Gründe für Mittelpazifismen wird argumentiert, dass aufgrund waffentechnischer Neuerungen eine kriegerische, also extrem gewaltbehaftete Reaktion auf einen kriegerischen Konflikt unverhältnismäßig wäre, da die Kosten in menschlicher und materieller Hinsicht aufgrund dessen zu hoch wären. Überdies wird die Beteiligung immer größerer Bevölkerungskreise an Kriegen seit der Neuzeit für sehr kritisch erachtet. Bei einer solchen Folgenabschätzung lautet die Kritik, dass diese unter einer pazifistischen Voreingenommenheit durchgeführt wurde und somit die Verhältnismäßigkeit bei MittelpazifistInnen nie gegeben wäre. Dem steht jedoch entgegen, dass jegliches Urteilen, pazifistisches oder bellizistisches, durch erworbene Präferenzen gewissermaßen subjektiv gebrochen und damit vor einer jeweiligen Entscheidung in bestimmte Bahnen gelenkt wurde (vgl. Brücher 2008: 31f.).

Zudem sei ein Mittelpazifismus wegen einer immer globalisierteren Welt unabdingbar, da die Folgen von gewaltsamen Handlungen aufgrund dieser mannigfachen Verflechtungen nicht abschätzbar und damit unverantwortbar seien (vgl. Brücher 2008: 49).

Daran anknüpfend stellt es einen wichtigen Punkt für MittelpazifistInnen dar, dass die Informationen, anhand derer Entscheidungen bezüglich eines Konflikts getroffen werden, auf keiner objektiven unhinterfragbaren Grundlage beruhen, sondern dass keine allgemeingültigen Wahrheiten existieren. Daraus wird geschlossen, dass Annahmen, die zu einem Kriegseinsatz führen, beispielsweise das Verhindern von Vertreibung, nicht als Entscheidungsgrundlage dienen können (vgl. Müller 2007: 24f.). Nach einer solchen Argumentation ist es allerdings auch nicht möglich. sich mit einer Folgenabschätzung gegen einen bestimmten Kriegseinsatz zu wenden.

Des Weiteren spielen neben diesen eher politisch-rational fundierten Erklärungen für einen Mittelpazifismus auch ethische Gründe eine bedeutende Rolle. Wie oben dargelegt, speisen sich diese sowohl aus religiösen als auch säkularen Quellen, wobei davon auszugehen ist, dass Erstere die letztgenannten stark beeinflussen. Demnach ist Gewalt das Abzulehnende schlechthin, weswegen in Orientierung bzw. Anlehnung an die Bergpredigt Gewalt prinzipiell nicht mit Gegengewalt beantwortet werden darf[11] (vgl. Brücher 2008: 27).

Mittelpazifismen sehen sich seit ihrem Bestehen großer Kritik ausgesetzt (vgl. Bleisch 2006: 16). Dies lässt sich unter anderem auch in der Sekundärliteratur beobachten. In Bleischs Veröffentlichung (2006) beispielsweise, einem Werk, das den Anspruch erhebt, den Pazifismus als Ganzes zu erfassen, wird Mittelpazifismen im Vergleich zu Zweckpazifismen ein äußerst geringer Beobachtungsraum eingeräumt. Zudem wird sich hier, wenn auch in vorsichtiger Form, von diesen seitens der HerausgeberInnen distanziert (vgl. Bleisch/ Strub 2006: 13f.). In Cortrights Werk (2008), das ebenfalls Anspruch auf eine umfassende pazifistische Bearbeitung erhebt, werden Mittelpazifismen nicht nur in theoretischer Hinsicht wenig behandelt, sondern zudem explizit kritisiert (vgl. Cortright 2008: 1).

In der Kritik werden hauptsächlich zwei Punkte angeführt: Zum einen handelt es sich hier um den Vorwurf der mangelnden Effektivität von Mittelpazifismen. Ein prominentes Beispiel hierfür ist ein gegen den Pazifismus allgemein gerichteter Vorwurf, wobei nach dieser Argumentation nur ein Mittelpazifismus gemeint sein kann. Denn nur ein Mittelpazifismus fordert gewaltarme Mittel zur Konfliktlösung. Dieser hätte beispielsweise Auschwitz bzw. die Schoah in Form einer vorab gewaltlosen Appeasement-Politik erst ermöglicht und somit wird oftmals dem Pazifismus im Allgemeinen im Gegensatz zu gewaltsamen Konfliktaustragungen eine Lösungskompetenz auch für die Zukunft abgesprochen, was, wie das Zitat verdeutlicht, auch im Grünen Diskurs eine wichtige Rolle spielte (vgl. Tönnies 1997: 132–134):

> „Auschwitz dient als Schutzschild, mit dem sich die heutigen Falken gegen den Vorwurf des Militarismus abschirmen. In einem von prominenten Bremer Grünen unter-

---

11 Fälle von Notwehr bzw. Selbstverteidigung könnten zumindest für VertreterInnen eines unten beschriebenen *ethischen Pazifismus* Situationen sein, in denen als absolute Ausnahmesituation doch über das vermeintlich gewaltfreie Konzept der Sozialen Verteidigung hinaus größerer gewaltverstrickter Widerstand geleistet werden könnte als über bewaffneten Widerstand (vgl. Brücher 2008: 87).

> schriebenen Flugblatt hieß es: ‚Die internationale Gegenwehr gegen Völkermord und systematische ‚ethnische Säuberungen' als ‚Bellizismus' zu denunzieren, erfordert schon ein gerütteltes Maß an Geschichtsvergessenheit - gerade in Deutschland.' Damit wird auf die deutsche Judenvernichtung angespielt" (Tönnies 1997: 134f.).

Nach der Lesart der oben erwähnten Bremer Grünen, die, wie erwähnt, stellvertretend für eine große Gruppe von Mittelpazifismus-KritikerInnen ist, muss also, auch wegen der eigenen Historie, gegen ein massiv Unrecht mit unterstellten starken, wiewohl nur implizit bzw. indirekt erwähnt, gewaltsamen Mitteln vorgegangen werden. Gewaltarmen Mitteln wird in einer solchen Argumentation kein Stellenwert eingeräumt, da diese als schwach und damit als ineffektiv konnotiert sind (vgl. Brücher 2008: 36).

> „Da Krieg und Gewalt in einem vormoralischen Sinne äußerste Steigerungsformen aktiven Handelns symbolisieren, gerät eine Aktionsform, die sich als Negation derselben profiliert, unweigerlich in den Geruch, schwach und passiv zu sein. Die Negation von Krieg und Gewalt, die nicht kriegerisch und nicht gewalttätig vorgeht, die nicht das Abgelehnte mit gleichen, aber potenzierten Mitteln der absoluten Überlegenheit zu bekämpfen sucht, ist ein paradoxes Unterfangen. Denn es kommt hier ein umgedrehter Sinn üblicher Codierungen zum Vorschein: Die Negierung des ‚stärksten' Mittels ist per definitionem Schwäche, sofern diese Negation sich nicht ihrerseits der stärksten zur Verfügung stehenden Mittel bedient" (Brücher 2008: 36).

VertreterInnen des Mittelpazifismus entgegnen zwar, dass ihre friedlichen Mittel die eigentlich starken Mittel sind, jedoch schaffen sie es wegen der oben erwähnten Codierung oftmals nicht, damit die Vorstellungen anderer in ihrem Sinne zu beeinflussen (vgl. Brücher 2008: 36f.).

Zum anderen wird als zweites Hauptargument gegen Mittelpazifismen argumentiert, dass sie unmoralisch seien. Zweckpazifismen sind hier nicht der Adressat, da sie Gewalt als Rechtsdurchsetzung für den friedlichen Zweck akzeptieren. Nach Jan Narveson seien sie dies, da das Recht eines nahestehenden Menschen oder der eigenen Person selbst auf Schutz vor Gewalt höher stehen muss als eine politische Ideologie. So müssten sich VertreterInnen dieses Pazifismus damit abfinden, dass es immer zu ungewollten Gewaltakten kommen könne, wogegen ein nicht gewaltsames Reagieren lebensbedrohlich und damit unmoralisch wäre, da die Lebenserhaltung als

Versinnbildlichung von Frieden eine zentrale Rolle spiele (vgl. Narveson 2006: 127–136).

> „Peace is a requirement, and the fundamental requirement of morals. We are to live with each other without violence – without some people murdering, enslaving, harassing, coercing, and in general dominating or imposing on others. Respect for the lives, liberties, health, and property of others is the basic condition of social living acceptable to all" (Narveson 2006: 136).

Zugespitzt wird eine solche Sicht durch Argumentationen, die sich an den Bischof Ambrosius von Mailand (339–397) anlehnen, wonach sich derjenige schuldig macht, der nicht gegen ein Unrecht vorgeht, das einem Nächsten droht (vgl. Brücher 2008: 27).

Bei einer solchen moralisch fundierten Argumentation wird die Relevanz der oben beschriebenen Codierung des Mittelpazifismus deutlich. Denn nur die unterstellte Schwäche der Mittelpazifismen erlaubt erst das Urteil des unmoralischen Handelns. Außen vor gelassen wird hierbei eine Betrachtung, wonach gerade die fehlende Einschränkung von Gewalt im Handeln, sei es auf staatlicher oder auf individueller Ebene, den Handelnden über wiederholte Gewaltanwendungen korrumpieren und somit eine unmoralische, da lebensbedrohliche Kultur der Gewalt generieren kann (vgl. Holmes 2006: 151).

Andererseits muss diese Sichtweise wieder kontrastiert werden mit den zivilisierenden und damit befriedenden Errungenschaften eines liberalen Rechtsstaats beispielsweise nach Prägung der BRD, das wie jedes Rechtssystem auf Gewalt beruht.

Die zwei bedeutendsten Ausformungen des Mittelpazifismus sind erstens der Nuklearpazifismus bzw. Atompazifismus. Dieser spielte in der deutschen Friedensbewegung und gerade bei den Grünen eine zentrale Rolle (vgl. Holl 1988: 234). Während der Nuklearpazifismus im Zuge des Ost-West-Konflikts einen gewaltsamen Konfliktaustrag wegen des menschheitsauslöschenden Atomwaffen-Potenzials ablehnte, ist er in der Gegenwart davon überzeugt, dass Proliferation von Atomwaffen ein unabwägbares Risiko für gewaltsame Konfliktaustragung darstellt (vgl. Brücher 2008: 49). Aber vor allem in den Siebzigern und Achtzigern des vergangenen Jahrhunderts spielte dieser aufgrund des atomaren Vernichtungspotenzials der beiden antagonistischen Weltmächte und einer damit einhergehenden Bedrohungsperzeption eine besondere Rolle, wonach Konflikte in dieser Perspektive nicht mehr mittels Gewalt behandelt werden durften oder schlichtweg konnten, da der so genannte

Atomtod wie ein Damoklesschwert über der ganzen Welt schwebte. Für die Periode des Kalten Krieges wird dieser Pazifismus dem Mittelpazifismus zugerechnet, da beispielsweise der Schwerpunkt der heterogenen deutschen Friedensbewegung auf den Mitteln der Ost-West-Auseinandersetzung lag (vgl. Holl 1988: 232–234) bzw. auf der Nichtanwendung kriegerischer Mittel (vgl. Cortright 2008: 16). Für die Folgezeit ist eine Verschiebung weg von der Negation eines bestimmten Mitteleinsatzes hin zur Konstruktion einer internationalen Ordnung zu beobachten, die beispielsweise Proliferation von Atomwaffen unterbindet (vgl. Brücher 2008: 115f.).

Zweitens handelt es sich um einen Mittelpazifismus, der unter Begrifflichkeiten wie *unbedingter Pazifismus, Gesinnungspazifismus* oder *radikaler Pazifismus* im öffentlichen Diskurs behandelt wird, hier aber einer größeren Wertneutralität wegen als *ethischer Pazifismus* bezeichnet wird. Für diesen Pazifismus haben der jeweilige zeithistorische Kontext bzw. bestimmte Gefährdungslagen nicht eine solche Bedeutung wie für den Nuklearpazifismus. Hier sind vor allem ethische Gründe handlungsleitend, wonach Gewalt als Modus Operandi als moralisch verwerflich erachtet wird. Wurde diese Form des Pazifismus bis zum 20. Jahrhundert noch zum größten Teil von religiös geprägten Menschen vertreten, verschob sich dies bis zur Mitte des letzten Jahrhunderts zugunsten säkular orientierter Personen.

Zusammenfassend betrachtet ist also der Mittelpazifismus der eigentliche Adressat von Kritik, wie die der Ineffektivität oder die der fehlenden Moralität, vorgebracht von Nicht-PazifistInnen. Diese Kritik wird aber nicht gezielt in Richtung Mittelpazifismus gerichtet, sondern an den Pazifismus generell. Denn die Kritik fußt auf dem Hauptmerkmal der Mittelpazifismen, nämlich der Mittel/Zweck-Symmetrie, die nur gewaltarme Mittel für einen gewaltarmen Zweck erlaubt und dies auch ad hoc zu erfüllen ist.

2.5 Zweckpazifismus

Bei Zweckpazifismen[12] [13] liegt der Fokus der Friedensbemühungen auf der Konstruktion einer Friedenskonzeption, die Kriege bzw. Gewalt als Konfliktlösungsinstrument ersetzen soll. Das heißt, dass hier der Einsatz von Gewalt zur Errichtung einer gewünschten Friedensordnung legitim ist. Das bedeutet aber wiederum nicht, dass die beim Mittelpazifismus angesprochene Mittel/Zweck-Symmetrie für den Zweckpazifismus keine Rolle spielt. Diese wird nämlich in dem Zielbereich verortet, wo friedliche Mittel zur Aufrechterhaltung der Friedensordnung eingesetzt werden sollen (vgl. Brücher 2008: 22f.).

> „In dem auf Organisationen und Institutionen fixierten friedensphilosophischen Pazifismus wird hingegen die Gewaltfreiheit wesentlich im Zielbereich verortet. Die Mittel sind demzufolge den Umständen anzupassen" (Brücher 2008: 22).

Zweckpazifismen wollen also den *Krieg als Institution* ablösen, wonach Strukturen abgeschafft und ersetzt werden sollen, die kriegerische Auseinandersetzungen begünstigen. Als Teile solcher Strukturen werden nicht nur offensichtliche friedensgefährdende Faktoren wie stehende Armeen oder Waffenfabriken angesehen, sondern auch die Normen, also beispielsweise fehlende oder mangelhafte internationale Reglementierungen, die Kriege ermöglichen oder gar fördern (vgl. Alexandra 2006: 107f.). Diesbezügliche Überlegungen gehen auf die bereits erwähnte Friedensschrift Kants zurück, die somit einen äußerst bedeutenden ideellen Grundstein für den Zweckpazifismus legte (vgl. Brücher 2008: 87) dies vor allem in Hinsicht auf den essentiellen Grundgedanken, dass der Naturzustand zwischen den Staaten, also das Fehlen einer internationalen Verrechtlichung der Beziehungen, das Problem für den Frieden darstellt.

---

12 Pazifismen, die unter diesen Oberbegriff fallen, werden in der Sekundärliteratur, verstärkt in der angelsächsischen, unter dem Begriff Pazifizismus bzw. Pacificism behandelt. Diese Begriffsgebung stellt den Versuch dar, sich von der eher negativen Prägung des Begriffs Pazifismus, verstanden als ein Mittelpazifismus, ein Stück weit in Richtung eines als besser erachteten Zweckpazifismus abzusetzen und dies durch die kleine Modifikation deutlich zu machen (vgl. Bleisch/Strub 2006: 21f.). Das Konzept des Begriffs Pazifizismus und des hier verwendeten Zweckpazifismus ist das Gleiche.

13 Auf die positivere theoretische Behandlung von Zweckpazifismen im Gegensatz zu Mittelpazifismen wurde bereits hingewiesen.

Normierungen bzw. Rechtssetzungen wird im Zweckpazifismus folglich eine sehr hohe Priorität eingeräumt. Denn während im Mittelpazifismus der Fokus auf der Frage liegt, ob eine bestimmte Konfliktsituation den Einsatz gewaltsamer Mittel erlaubt und dies prinzipiell verneint wird, liegt im Zweckpazifismus der Fokus auf Bemühungen, solche Situationen erst gar nicht entstehen zu lassen (vgl. Brücher 2008: 89f.).

VerfechterInnen des Zweckpazifismus beziehen sich oft in ablehnender Form auf den Mittelpazifismus, da dieser im Gegensatz zu Letzterem eine realistischere und damit eine effektivere Antwort auf globale Konfliktlagen sei[14]. Hier wird dann die im Mittelpazifismus-Teil behandelte Kritik der Unmoralität[15] und der Ineffektivität angeführt, die sich bei Zweckpazifismen nicht ergeben würden, da in Fällen von Unrecht auch mit effektiv konnotierten militärischen Mitteln gehandelt werden könnte (vgl. Narveson 2006, S. 143f.).

Wenn es dann beispielsweise in einem wie auch immer gearteten errichteten Friedensregime zu einer Verletzung dieser Ordnung kommt, sind eventuell eingesetzte Sanktionsmittel nach VertreterInnen dieser Ausformung friedlich, obgleich sie nicht unbedingt gewaltarm sind, da die Mittel nun der Friedenskonzeption entstammen und damit einen anderen Charakter erhalten haben. Die in einer solchen Ordnung eingesetzte Gewalt ist dann eine zivilisierende Kraft, die den erdachten bzw. konstruierten Friedenszustand verteidigt (vgl. Brücher 2008: 90f.).

> „Wer aufgrund dieser Erfahrung selbst im äußerst zurückhaltenden Einsatz militärischer Gewalt, nämlich ausschließlich im Sinne einer legalen Zwangsmaßnahme der UN, nach wie vor eine Form von ‚Krieg' sieht, dürfte letztlich der Überzeugung sein, dass wo immer Militär eingesetzt wird oder werden darf, man eben von Krieg sprechen muss. Wer so argumentiert, hat alleine die Ereignisse auf der Ebene der sichtbaren Erscheinungen vor Augen, nicht aber die wesentlichen rechtlichen Unterschiede" (Lienemann 2007: 93f.).

Mit einer solchen Konzeption setzen sich Zweckpazifismen allerdings der Gefahr aus, dass sie den Zweck des Friedens hintertreiben, da Gewalt nunmehr zwar als bloße Rechtsdurchsetzung erach-

---

14 So gefunden bei: (vgl. Cortright 2008: 334–339), (vgl. Alexandra 2006: 108–110).

15 Hier sei noch einmal an den bereits erwähnten Bischof Ambrosius von Mailand erinnert: „wonach derjenige, der nicht, soweit er es vermag, gegen das Unrecht kämpft, das seinem nächsten droht, ebenso schuldig werde wie derjenige, der es diesem antut" (Brücher 2008: 27).

tet wird, aber faktisch noch gewaltintensive Strategien verfolgt werden, die es eigentlich zu überwinden gilt (vgl. Brücher 2008: 92).

> „Einerseits straft diese friedenskonfigurative Richtung jeden Pazifismus Lügen, indem sie die Grenze zu bellizistischen Positionen aufhebt und sich zur Sinnhaftigkeit der *prima ratio* des Militäreinsatzes bekennt." (Brücher 2008: 91)

Überdies ist eine vermeintlich fehlende innere Geschlossenheit, also der Widerspruch von Kriegseinsätzen einerseits und pazifistischem Anspruch andererseits, einer der großen Kritikpunkte am Zweckpazifismus, wobei anzumerken ist, dass eine Konsequenz der Ablehnung von jeglicher kriegerischer Gewalt in einem Pazifismus auch nicht, wie gezeigt, in all seinen Ursprüngen anzutreffen ist. Denn auch diese Ursprünge weisen in ihrer Konzeption abgesehen vom religiösen Pazifismus größere Gewaltverstrickungen in ihrer Konzeption auf. Das heißt also, dass eine Widersprüchlichkeit hinsichtlich von Gewalt im Pazifismus eines seiner Wesensmerkmale darstellt. Es kann somit nicht prinzipiell die obige Kritik aufrechterhalten werden, wonach lediglich Mittelpazifismen den Anspruch auf den Pazifismus-Begriff erheben dürfen (vgl. Grotefeld 2007: 103f.). Auch diese weisen, wie dargelegt, gewaltverstricktes Handeln auf, womit eine intendierte, definitorische Abgrenzung zum Zweckpazifismus nicht, wie von dessen VertreterInnen angenommen, derart eindeutig ist.

Grotefeld argumentiert, dass er kein Problem darin sieht, dass unterhalb eines Oberbegriffs noch Differenzierungen vorgenommen werden, also eine gewisse Heterogenität des Begriffs gegeben ist, da beispielsweise auch Mittelpazifismen sich bezüglich ihrer jeweiligen Ablehnung und damit ihrer jeweiligen Ausrichtung voneinander unterscheiden und also auch allein bei einem Fokus auf Mittel-Pazifismen keine Homogenität gegeben wäre (vgl. Grotefeld 2007: 106f.).

Um einen eventuellen kriegerischen Einsatz zwecks Aufrechterhaltung oder Errichtung einer Friedensordnung zu legitimieren, wird von VertreterInnen des Zweckpazifismus oftmals auch eine Analogie zum Rechtsstaat westlicher Prägung auf nationalstaatlicher Ebene gezogen. Demnach werde dort schließlich auch der Rechtsvollzug mittels intensivierten Gewalteinsatzes vollzogen und dies aufgrund seiner befriedenden Wirkung nahezu allseits anerkannt. Diese zunächst logisch anmutende Argumentation bzw. Analogie muss allerdings dahingehend eingeschränkt werden, dass ein Kriegseinsatz auf internationaler Ebene schwieriger mit rechtsstaatlichen Prinzipien in Einklang zu bringen ist als ein Polizeieinsatz auf nationaler Ebene (vgl. Grotefeld 2007: 106): schwieriger, da aufgrund einer viel höheren Zahl der Betroffenen, der Größe des Gebietes und vor allem aufgrund des Kriegszustandes generell, der transparenten Informationsstrukturen eher abträglich ist, die Möglichkeit der zweckpazifistischen Rechtsorgane auf rechtsstaatliche Überwachung des Kriegseinsatzes schwierig zu gewährleisten wäre.

Des Weiteren gestaltet es sich problematisch, dass sich bei Zweckpazifismen Abgrenzungsprobleme hinsichtlich der so genannten Lehre vom gerechten Krieg[16] ergeben, da letztere Konzeption eine ursprünglich intendierte Limitierung von Kriegseinsätzen nicht realisieren konnte, sondern stattdessen spätestens ab dem Hochmittelalter als Argumentationsgrundlage für Kriege nutzbar gemacht wurde (vgl. Brücher 2008: 51f.). Denn beide Konzeptionen sind prinzipiell gegen den Krieg ausgerichtet, aber beide erachten diesen als möglichen Konfliktmodus, wenn bestimmte Kriterien erfüllt sind. Ein wichtiges Unterscheidungsmerkmal ergibt sich hinsichtlich der spezifischen Ausrichtung, wonach Zweckpazifismen Kriege als Konfliktmodi ablösen wollen, während die Lehre vom gerechten Krieg nicht diesen Fokus hat, sondern immer nur auf einen jeweiligen konkret vorliegenden eventuellen Krieg ausgerichtet ist (vgl. Grotefeld 2007: 107f.). Trotz dieses Unterscheidungsmerkmals und trotz der unterschiedlichen Ursprünge beider Konzeptionen hat die unter PazifistInnen verpönte Lehre des gerechten Kriegs Eingang in den zweckpazifistischen Diskurs gefunden (vgl. Bleisch/Strub 2006: 28–30). Dies wird beispielsweise anhand des Konzepts der humanitären Intervention deutlich, bei der bezüglich Begründung und Ausführung starke Analogien zur Theorie des gerechten Krieges bestehen (vgl. Brücher 2008: 47f.) und auch somit Zweckpazifismen der Gefahr unterliegen, dass bellizistische Strömungen Eingang in ihr Gedankengut finden.

---

16 Die Ausformulierung dieses bis in die Gegenwart nachwirkenden Konzepts geht zurück auf einen der bedeutendsten christlichen Kirchenlehrer namens Augustinus (354–430), der eine Ausformulierung verschiedener Kriterien vornahm, die als kriegsbegrenzende Richtschnur für eine Gewissensentscheidung für damalige Machthaber dienen sollten, ob ein Kriegseinsatz gerechtfertigt ist oder nicht (vgl. Brücher 2008: 48f.).

Die bedeutendste[17] Ausformung des Zweckpazifismus ist der Rechtspazifismus, der aufbauend auf den Ideen von Kant und auf den oben beschriebenen Vorarbeiten des organisatorischen Pazifismus und in Analogie zu den Rechtsstaaten westlicher Prägung eine international verrechtlichte Friedensordnung, meist mit den Vereinten Nationen als Instrument, errichten möchte (vgl. Brücher 2008: 87). Er prägte damals, wie erwähnt, als organisatorischer Pazifismus bezeichnet sowohl den pazifistischen Diskurs als auch die internationalen Beziehungen, beispielsweise über den Völkerbund und dann über die Vereinten Nationen. In der Gegenwart ist der zweckpazifistische Diskurs im Allgemeinen sehr stark von der Frage beeinflusst, wie die Beziehungen der Staatenwelt verfasst bzw. verrechtlicht sein sollen, womit die Relevanz des spezifisch rechtspazifistischen Pazifismus deutlich wird (vgl. Delbrück 1997: 482–512).

Dieser Pazifismus firmiert auch unter der Bezeichnung institutioneller Pazifismus, wobei dessen Merkmale zum Rechtspazifismus sehr große Schnittmengen aufweisen (vgl. Bleisch/Strub 2006: 22); lediglich ein geringfügig abweichender Fokus auf internationale Institutionen der Konfliktregulierung wie den Vereinten Nationen ist zu beobachten. Größere Bekanntheit erlangte diesbezüglich vor allem im bundesrepublikanischen Diskurs der so genannte politische Pazifismus, so z.B. in der Auseinandersetzung um den Kriegseinsatz im Kosovo, beispielsweise über eine Diskussionsreihe der „Frankfurter Rundschau“ aus dem Jahr 2002 (vgl. Brücher 2008: 169). Dieser weist die gleichen Merkmale wie der Rechtspazifismus auf, nämlich einen anvisierten Friedens-Zweck einer auf Menschenrechten fußenden globalen Rechtsordnung, der unter gewissen Voraussetzungen auch Gewalt in Form von Kriegseinsätzen erlaubt (vgl. Volmer 1998: 494f.). Dieses zitierte Buch Volmers über die Grüne Außenpolitik, das gleichzeitig seine Dissertation darstellt, hat das Thema akribisch und nach formalen Kriterien wissenschaftlich gut aufgearbeitet. Allerdings offenbart sich eine mangelnde Distanz zum Beobachtungsgegenstand gerade hinsichtlich der pazifistischen Orientierung der Grünen, da er beispielsweise von seinem Standpunkt abwei-

---

17 Brücher (2008) weist als einen weiteren zweckpazifistischen Pazifismus noch den Atom- bzw. Nuklearpazifismus auf, der hier aber, wie oben erläutert, bis zum Ende des Ost-West-Konflikts dem Mittelpazifismus zugerechnet wird. Erst ab dem Ende des nuklearen Bedrohungspotenzials änderte dieser seine Ausrichtung hinsichtlich der Errichtung eines Weltgewaltmonopols, also hin zur Konstruktion einer gewünschten Friedensordnung. Diesem Pazifismus wird hier allerdings aufgrund der marginalen Behandlung in der Forschungsliteratur kein besonderer Stellenwert eingeräumt.

chende pazifistische Orientierungen mit negativen Zuschreibungen versieht (vgl. Volmer 1998:69 u. 85) und das Buch den Anschein erweckt, als müssten programmatische Verschiebungen in seinem Sinne erklärt werden, worauf im Folgenden noch eingegangen wird.

Brücher hat bezüglich der sich überschneidenden Merkmale eine andere Einschätzung, da sie zwar prinzipiell von Überschneidungen der jeweiligen Merkmale ausgeht, den politischen Pazifismus jedoch unter einem postmodernen Pazifismus verortet. So intensiviert sie hier ihre Kritik am Rechtspazifismus bezüglich der Frage, inwiefern die friedlichen, verrechtlichten Mittel wirklich friedlich, also gewaltarm, sind und ob diese spezielle Konstruktion der Entdifferenzierung von Zweck und Mittel durch das eigentlich gewaltsame Recht, das gleichzeitig Mittel und Zweck ist, dem politischen Pazifismus die Eigenschaften eines Pazifismus nimmt (vgl. Brücher 2008: 154–162). Hier wird diese Kritik zwar in Teilen nachvollzogen, da Gewalt bzw. Kriege in einer solchen Konzeption Gefahr laufen, nicht mehr als solche bewertet zu werden, was bellizistische Entwicklungen befördern könnte. Jedoch handelt es sich bei dem politischen Pazifismus aufgrund der gleichen Strukturmerkmale um kein anderes pazifistisches Konzept als beim Rechtspazifismus.

Zweckpazifismen möchten also den Krieg als Konfliktmodus mittels Normierungen überwinden. Anders als bei Mittelpazifismen ist hier hingegen ein intensivierter Gewalteinsatz für die Errichtung oder Aufrechterhaltung dieser Normierungen möglich. Genau hierin besteht aber auch die Gefahr, dass das ursprünglich pazifistische Anliegen in einem pazifistischen Gewand unterminiert wird.

3 Grüne Friedensprogrammatik in den Anfängen

In diesem Kapitel werden die ersten Jahre nach der Grünen-Gründung, also ab 1980, untersucht. Zunächst wird das Entstehen der Grünen in der einführenden kurzen historischen Rahmung in den Zusammenhang des so genannten Kalten Krieges und der Friedensbewegung der BRD gestellt. Im Anschluss wird das erste Grundsatzprogramm der Grünen, das Bundesprogramm von 1980, aufgrund seiner über mehrere Wahlperioden hinausgehenden Verortungen auf pazifistische Charakteristika untersucht. Das Gleiche gilt für den Krefelder Appell und den Aufruf der Bertrand Russell Peace Foundation, da sie zu dieser Zeit den bundesrepublikanischen Diskurs prägten und von den Grünen maßgeblich unterstützt wurden. Auch das Grüne Friedensmanifest erfährt eine längere Behandlung, da es sich, wie der Titel schon vermuten lässt, explizit pazifistischen Fragestellungen zuwendet und einen wichtigen Bestandteil Grüner Selbstverortung darstellt. Um neben dem Friedensmanifest einen weiteren Aufschluss darüber zu erhalten, in welcher Form sich die Grünen in pazifistischer Hinsicht an die BürgerInnen der BRD wendeten, wird auch auf den Wahlaufruf von 1982 eingegangen. Für die Einbeziehung der Bundestagsfraktion wird auf eine Debatte zur Regierungserklärung der Bundesregierung rekurriert, da diese aufgrund für die Legislatur zentraler Verlautbarungen seitens der Regierung, der Koalitionsparteien und der Opposition als bedeutsam einzustufen ist.

Grundlagen der Untersuchung sind also zum überwiegenden Teil Grüne Quellen und für die Bundestagsfraktion das Plenarprotokoll, wobei jeweils, wie in jedem anderen Kapitel, zusätzlich Sekundärliteratur herangezogen wird.

3.1 Die Grünen und der Kalte Krieg

Das Entstehen der Grünen steht in einem starken Zusammenhang mit dem Aufkommen der so genannten neuen sozialen Bewegungen in den Siebzigern wie der Anti-Atomkraft-Bewegung, der zweiten Frauenbewegung oder der Nord-Süd-Bewegung (vgl. Raschke 1993: 502f.). Für dieses Buch ist vor allem die neue Friedensbewegung der BRD hervorzuheben, die in Reaktion auf den sich zuspitzenden Ost-West-Konflikt bzw. auf den Nato-Doppelbeschluss entstand, der einerseits zwar ein Angebot für Rüstungskontrollmaßnahmen beinhaltete, aber andererseits auch eine Aufrüstung von neuen Atom-Sprengköpfen forderte. Dieser verstärkte gerade in Deutschland eine Bedrohungswahrnehmung, wonach gerade die BRD von einem atomaren Krieg bedroht war, was einer sehr vielschichtigen deutschen Friedensbewegung massenhaften Zulauf bescherte (vgl. Roth 2008: 274f.). Zwischen der Friedensbewegung und den sich 1980 gründenden Grünen bestand zu dieser Zeit eine starke Wechselbeziehung, da viele VertreterInnen der Friedensbewegung sich bei der seinerzeit proklamierten Anti-Parteien-Partei engagierten, die sich wiederum auch als parlamentarischer Arm der Friedensbewegung verstand (vgl. Kleinert 1992: 46).

> „Wir artikulieren innerhalb der Friedensbewegung sowie auch innerhalb der grünen Partei unabhängig von den etablierten Parteien Bedürfnisse eines Teils der Bevölkerung, der seine Interessen an friedlicher, ökologiebewußter Zukunft im etablierten Parteiensystem nicht (mehr) zum Ausdruck bringen kann. Eine autonome nur außerparlamentarische Bewegung hat nicht so viele Chancen, z.B. Forderungen nach einem neuen Sicherheitsdenken zur Durchsetzung zu verhelfen, als wenn diese Forderungen auch auf parlamentarischem Wege, phantasievoll und gewaltfrei, vorgestellt werden" (Kelly 1982: 130).

Überdies bestanden personelle, aber auch inhaltliche Schnittmengen, was beispielsweise eine kritische Einstellung zum herrschenden System anbetraf, zwischen den VertreterInnen der anderen neuen sozialen Bewegungen, die bei den Grünen mitwirkten und bei der Friedensbewegung, da diese oftmals ihren eigenen Hintergrund in die Grüne Friedenspolitik einbrachten (vgl. Volmer 1998: 23–29): so beispielsweise die Grünen Vertreterinnen der zweiten Frauenbewegung, die das Patriarchat als einen friedensstörenden Faktor ausmachten (vgl. Volmer 2009: 220f.), wobei sie allerdings im Gegensatz zu der oben aufgeführten ersten Frauenbewegung der potenziellen Muttereigenschaft keinen friedensstiftenden Wert beimaßen. Die Grünen VertreterInnen der Nord-Süd-Bewegung brachten in die Friedensbewegung und in den Grünen Diskurs den Aspekt des Nord-Süd-Gefälles als friedensbedrohenden Faktor ein, wobei sich dieser Aspekt, wie der folgende Punkt zeigen wird, weitaus deutlicher in der friedenspolitischen Programmatik niederschlug. Insgesamt betrachtet war das Themenfeld der Außen- bzw. Sicherheitspolitik und damit bei den Grünen, wie sich noch zeigen wird, auch das des Pazifismus ein sehr wichtiges programmatisches Feld, da dieses aufgrund der Nato-Doppelbeschluss-Debatte ein zentraler diskursiver Bestandteil der BRD zur Gründungszeit der

Grünen war und viele der politisch heterogenen Grünen sich für dieses Thema interessierten (vgl. Raschke 1993: 114).

> „Deshalb kann die These aufgestellt werden: Außenpolitik hat die GRÜNEN von Anfang an bewegt, und sie haben versucht Außenpolitik zu bewegen. Außenpolitische Themen hatten identitätsstiftenden Charakter und mobilisierenden Wert, ohne den die Partei nicht ihren Aufschwung genommen hätte" (Volmer 1998: 22).

3.2 Das Bundesprogramm von 1980

Der Einfluss pazifistischen Gedankenguts lässt sich in dem ersten bedeutenden Parteidokument, nämlich dem Bundesprogramm der Grünen von 1980, nachvollziehen. Dieses Grundsatzprogramm wird als Beispiel für die Frage der pazifistischen Orientierung der Grünen herangezogen, da es aus der unmittelbaren Anfangszeit der Grünen stammt, aber vor allem weil ein Grundsatzprogramm zentrale politische Verortungen für eine Partei liefert. Des Weiteren wurde ein neues Grundsatzprogramm erst 2002 verabschiedet, was wenigstens zum Teil auch eine Aussage über die Relevanz dieses Parteidokuments darstellt, da es über einen langen Zeitraum Bestand hatte.

So wird Gewaltfreiheit als ein zentraler pazifistischer Bestandteil als einer der vier Grünen Grundsätze angeführt.

> „Gewaltfreiheit gilt uneingeschränkt und ohne Ausnahme zwischen allen Menschen, also ebenso innerhalb sozialer Gruppen und der Gesellschaft als Ganzem als auch zwischen Volksgruppen und Völkern" (Die Grünen 1980: 6).

Das Verständnis von Gewaltfreiheit ist allerdings alles andere als eindeutig, da schon im nächsten Satz eingeschränkt wird, dass Gewaltfreiheit nicht ein Recht zur Notwehr und vielfältigen, nicht näher ausgeführten sozialen Widerstand ausschließe. Daran anschließend wird noch einmal genauer Bezug auf zwischenstaatliche Gewaltanwendung genommen, indem diese expressis verbis ausgeschlossen wird – „Wir sind ebenso grundsätzlich gegen die Anwendung zwischenstaatlicher Gewalt durch Kriegshandlungen" (Die Grünen 1980: 6) –, wobei auch hier im übernächsten Absatz dann wieder eine Einschränkung dieses absolut negierenden, gewaltabstinenten Verständnisses durch die Forderung nach sozialem Widerstand erfolgt (vgl. Die Grünen 1980: 6). Somit lässt sich daraus schließen, dass die Grünen in der Präambel einen intensivierten Gewalteinsatz in Form eines Krieges für zwischenstaatliche Konflikte ablehnen, es allerdings einem reagierenden Akteur bzw. einer

Akteurin gestatten, mit minimierter Gewalt auf einen doch erfolgenden Angriff zu antworten. Diese nicht eindeutig ablehnende Verortung bezüglich der Gewaltfrage begründet sich durch die unterschiedlichen Ursprünge der Grünen, die ein sehr breites Spektrum von konservativ geprägten ÖkologInnen, die einem hohen Gewalteinsatz in Form eines konventionellem Krieges als Konfliktmodus nicht ablehnend gegenüber standen, bis zu VertreterInnen der Friedensbewegung, die sich an einem Mittelpazifismus orientierten, abdeckten. Es ging darum, dieses für die Parteiwerdung zentrale Dokument erfolgreich zu beschließen und möglichst alle Gruppierungen programmatisch mitzunehmen (vgl. Volmer 1998: 68f.). Darüber hinaus offenbart sich in diesem Präambel-Grundsatz ein Konflikt zwischen der Ablehnung von Kriegshandlungen und dem Einfordern von demokratischen Rechten als ein wichtiger Bestandteil eines Friedenszustands, der zu dem Zeitpunkt der Verabschiedung noch nicht als ein solcher deutlich war (vgl. Volmer 1998: 67f.). Denn ungeklärt blieb hier die Frage, wie beispielsweise darauf reagiert werden sollte, wenn in einem anderen Staat demokratische Rechte abgebaut würden und damit dem Individuum die geforderte Selbstbestimmung genommen und sein Leben gefährdet würde.

Das Programmkapitel *Außen- und Friedenspolitik* des Bundesprogramms, das aufgrund seiner außenpolitischen Orientierung relevante Aussagen bezüglich pazifistischer Programmatik beinhaltet, ist das zweite Programmkapitel, was die Signifikanz des Themas für die Grünen unterstreicht. Dieses untergliedert sich in drei Abschnitte.

Der erste Abschnitt *Weltpolitik* trifft hinsichtlich einer Betrachtung auf pazifistische Merkmale hin eine bedeutende Festlegung in Bezug auf die Vereinten Nationen (VN) als internationale friedenspolitische Instanz:

> „Da viele große Zukunftsaufgaben nur durch eine weltweite Organisation bewältigt werden können, treten wir GRÜNEN für eine Stärkung der Vereinten Nationen ein. Die erste Institution für alle Nationen muss zu einem wirksamen Instrument der Friedenspolitik im Sinne des Selbstbestimmungsrechts der Völker ausgebaut werden“ (Die Grünen 1980: 16).

Mit dieser zentralen Festlegung wenden sich die Grünen von der zu dieser Zeit dominierenden realistischen Schule als einer Theorie der internationalen Beziehungen ab. Denn deren einflussreiche Annahme eines anarchischen Staatensystems, in dem der einzelne Staat möglichst viel Macht, auch in Form von Militär, für das Staatsüberleben anhäufen muss, trug nach Ansicht der Grünen zum Rüstungswettlauf bei und wurde deswegen abgelehnt (vgl. Volmer 1998: 129–132). Stattdessen orientierten sich die Grünen mit der obigen Fokussierung an Erkenntnissen von Interdependenz-Theorien und an Theorien der institutionalistischen Schule, da beides zu dieser Zeit als eine progressivere Antwort auf internationale Problemlagen betrachtet wurde, da Erstere die Auswirkungen von Handlungen der so genannten Ersten auf die Dritte Welt aufzeigten und Letztere der internationalen Zusammenarbeit via einer internationalen Organisation einen hohen Wert beimaßen und somit einer globalisierenden Welt friedensstiftend begegnet werden sollte (vgl. Volmer 1998: 69).

Die zwei Aufgaben, die die Vereinten Nationen insbesondere wahrnehmen sollen, sind auch in pazifistischer Hinsicht von besonderem Belang. So sollen zum einen weltweite Abrüstungsverhandlungen sowie Rüstungs- und Waffenhandelskontrolle von den VN operationalisiert werden (vgl. Die Grünen 1980: 17), was nach den Definitionen des zweiten Kapitels dieses Buches als ein Beitrag zu einem negativen bzw. engen Frieden zu bewerten ist, da es hierbei lediglich, analog zum ersten Abschnitt und dritten Präliminarartikel Kants und zu seiner Konzeption eines negativen Friedens (vgl. Kant 2002 [1795]: 5), um die Abschaffung von Militärpotenzial geht.

Zum anderen sollen die VN die Einhaltung von Menschenrechten kontrollieren (vgl. Die Grünen 1980: 17), wobei, wie schon oben zu der Präambel angemerkt, unklar ist, was bei Verstößen gegen selbige geschehen soll. Gleichwohl ist diese Forderung, ebenfalls nach den Definitionen des zweiten Kapitels dieser Buches, unter einen positiven bzw. weiten Frieden einzuordnen, da hierbei der Frieden durch die Realisierung von Menschenrechten, insbesondere für Minderheiten-, Frauen- und Kinderrechte (vgl. Die Grünen 1980: 17), gestiftet werden soll.

Ein weiterer wichtiger Aspekt dieses Abschnitts stellt die umfangreiche Thematisierung von ökologischen Problemlagen dar, die die Vereinten Nationen angehen sollen (vgl. Die Grünen 1980: 16f.), was einen Vorgriff auf einen *erweiterten Sicherheitsbegriff* darstellt, ein Konzept, das andere Faktoren wie eine intakte Umwelt in seine Wahrnehmung einbezieht und sich erst in den Neunzigern des letzten Jahrhunderts durchsetzte (vgl. Volmer 1998: 70/Sedlmayr 2008: 109–111). Diese Positionierung ist aber nicht nur ein solcher Vorgriff, sie kann auch als eine indirekte Reaktion auf die oben beschriebene Arbeit Galtungs zurückgeführt werden, wonach Gewalt und damit eine Friedensstörung dann vorliegt, wenn die Entwicklungsmöglichkeiten des Individuums generell eingeschränkt werden, was bei ökologischen Problematiken wie dem Klimawandel der Fall ist (vgl. Gore 1992: 82–87).

Der zweite Abschnitt Europäische Friedenspolitik präzisiert die pazifistischen Vorstellungen der Grünen (vgl. Volmer 1998: 70), indem zunächst eine prägnante Aussage über das Grüne Gewaltverständnis in der Außenpolitik getroffen wird – „Ökologische Außenpolitik ist gewaltfreie Politik" (Die Grünen 1980: 17) – und diese direkt mit dem atomaren Vernichtungspotenzial verbunden wird:

> „Der Krieg hat mit der Einführung atomarer Waffensysteme eine völlig neue Dimension erreicht; er ist durch die Möglichkeit der mehrfachen Vernichtung der ganzen Erde zum reinen Mord an Völkern und zum Verbrechen am Leben geworden" (Die Grünen 1980: 17).

Das heißt, dass an dieser Stelle eine Begründung gewaltfreier Politik durch das nukleare Militärpotenzial erfolgt bzw. über dessen moralische Verurteilung und nicht beispielsweise durch ethische Begründungen bezüglich Gewalthandlungen an sich. Dies ist zu einem Großteil auf den zeithistorischen Kontext der Nachrüstungsdebatte zurückzuführen, wobei dies in Bezug auf das Bundesprogramm die Möglichkeit eröffnet, dass bei anderer Bedrohungswahrnehmung die Festlegung auf gewaltfreie Politik revidiert werden könnte.

Des Weiteren verurteilt dieser Abschnitt unterschiedliche Facetten von Gewalt, die in der Außenpolitik praktiziert werden können „(...) gegen alle Formen, sei es politisch, wirtschaftlich, militärisch oder kulturell, der Bevormundung, Einmischung, Besetzung und Ausplünderung." (Die Grünen 1980: 17), und ist damit sehr nahe an dem oben skizzierten Gewaltverständnis von Galtung. Eine diesbezügliche pazifistische Lösung sieht das Bundesprogramm in normativer Friedenspolitik, da das Recht anhand der Maßgaben von Freiheit, eigenständiger Entwicklung und Selbstbestimmung die beschriebenen Missstände beenden soll (vgl. Volmer 1998: 70): „Nur wenn das Recht an die Stelle der Gewalt tritt, kann die Menschheit überleben." (Die Grünen 1980: 17). Wer in welcher Form das Recht gegebenenfalls vollzieht, das je nach Konzeption mehr oder weniger gewaltintensiv ist, bleibt auch an dieser Stelle offen.

Im Anschluss wird der in der Präambel angeklungene soziale Widerstand bzw. die soziale Verteidigung im Verteidigungsfall näher ausgeführt (vgl. Die Grünen 1980: 17): „Gewaltfreiheit bedeutet nicht Kapitulation, sondern Sicherung des Friedens und des Lebens mit politischen Mitteln statt mit militärischen und durch soziale Verteidigung." (Die Grünen 1980: 17). Hierin zeigt sich eine explizit mittelpazifistische Orientierung, da selbst auf einen Angriff, der von massiver militärischer Gewalt getragen wird, mit gewaltarmen Mitteln wie der sozialen Verteidigung reagiert werden soll. Die soziale Verteidigung ist ein Konzept aus den Sechzigern des letzten Jahrhunderts, wonach eine militärische Invasion durch vielfältige gewaltarme Verweigerungen, die von einer sich widersetzenden Verwaltung über die Industrie bis zu den einzelnen BürgerInnen reichen, für den Angreifer unattraktiv gemacht werden soll (vgl. Bundesvorstand Die Grünen 1982: 130). Diese vielfältigen benötigten Ebenen sind es allerdings auch, die dieses Konzept aus demokratischer Perspektive fragwürdig machen, da die soziale Verteidigung für ein erfolgreiches Gelingen eine dermaßen durchorganisierte Gesellschaft benötigte, dass Bürgerrechte Gefahr liefen, unterminiert zu werden (vgl. Volmer 1998: 71f.). Dieser pazifistische Ansatz muss vor allem vor dem zeithistorischen Kontext des Ost-West-Konflikts betrachtet werden, da im Falle einer Verteidigung mit militärischen Mitteln, was Atomwaffen eingeschlossen hätte bzw. allein schon das Vorhandensein von militärisch-atomarem Potenzial, eine sehr große Anzahl an Menschenleben gefährdet gewesen wäre (vgl. Volmer 1998: 71). Dies unterstreicht auch eine sicherheitspolitische Publikation des Bundesvorstands, in der der Beitrag zur sozialen Verteidigung ausführlich mit der atomaren Aufrüstung der beiden Weltmächte und der damit einhergehenden Gefahr eingeführt und das Konzept im Folgeschritt damit auch begründet wird (vgl. Trautmann 1982: 128–130).

> „Der Ausbau einer am Leitwert Frieden ausgerichteten Zivilmacht muss mit der sofort beginnenden Auflösung der Militärblöcke, vor allem der NATO und des Warschauer Pakts einher gehen." (Die Grünen 1980: 17).

Diese Forderung nach einer Abschaffung der beiden Militärbündnisse ist nach der atomaren Bedrohungsperzeption zu Beginn dieses Abschnitts die in der Bundesrepublik kontrovers diskutierte programmatische Konsequenz (vgl. Volmer 1998: 72). Denn einer pazifistischen Friedensordnung standen NATO und Warschauer Pakt durch ihre Konzeption deutlich im Wege, da ihr Ursprung, ihre Geschichte und ihre Struktur als militärisches Verteidigungsbündnis gewaltintensiv bzw. bellizistisch geprägt waren (vgl. Diedrich 2009: 1–4/Hauser 2008: 13–30).

Viele der in diesem Abschnitt hierauf folgenden Unterpunkte sind hauptsächlich unterschiedliche Abrüstungsforderungen, wie Forderungen gegen bestimmte Raketentypen oder der Abbau der Bundeswehr, mit unterschiedlichen Adressaten, wie den Vereinten Nationen beim ersten Beispiel und der Bundesrepublik im zweiten (vgl. Die Grünen 1980: 18). Diese Forderungen zielen auf einen negativen Frieden hin, da durch ihr bloßes Fehlen Kriegen die konkrete Durchführungsgrundlage genommen wird.

Andere Einzelforderungen wie „Erziehungs- und Aufklärungsprogramme für gewaltfreies Handeln" (Die Grünen 1980: 18) oder „Überprüfung aller wirtschaftlichen und politischen Maßnahmen daraufhin, ob sie irgendwo in der Welt Konflikte verschärfen oder abbauen." (Die Grünen 1980: 18) und „Ausbau und größere finanzielle Unterstützung der Friedens- und Konfliktforschung." (Die Grünen 1980: 18) sind hingegen unter dem Anspruch der Gestaltung eines positiven Friedens einzuordnen. Sie möchten nicht nur den Krieg an sich bannen, sondern beispielsweise über die Beseitigung der Ursachen von Kriegen Frieden aktiv gestalten.

Der dritte und letzte Abschnitt dieses Kapitels zeigt den großen Einfluss der Nord-Süd-Bewegung innerhalb der Grünen auf, da diese sich komplett mit der so genannten Dritten Welt befasst (vgl. Die Grünen 1980: 18–19). Es zeigt, in Anlehnung an die Aussagen zu Interdependenz-Theorien im ersten Abschnitt des Außenpolitik-Teils, dass die Grünen einen globalen pazifistischen Fokus aufweisen, der auch ökonomische und ökologische Belange als friedensrelevant in den Vordergrund rückt (vgl. Volmer 1998: 74f.):

> „Es kann keine realistische Hoffnung auf einen stabilen Weltfrieden geben, solange es keine Hoffnung für die Armen in der Welt gibt und solange ein erbarmungsloser Kampf aller Industriestaaten in Ost und West um Rohstoffe und Weltmärkte stattfindet" (Die Grünen 1980: 18).

Damit wird von einem Gewaltverständnis im Sinne Galtungs ausgegangen, da Faktoren als friedensbedrohend benannt werden, die über physische bzw. militärische Gewalt hinausgehen, aber dennoch die jeweiligen Menschen in ihrer Entwicklung einschränken können.

Sind hier einerseits Ausführungen, die auf einen Zweckpazifismus abzielen, zu finden, so überwiegen aber andererseits die Festlegungen auf einen Mittelpazifismus.

3.3 Die Unterstützung des Krefelder Appells und des Aufrufs der Bertrand Russell Peace Foundation

Das starke Engagement der Grünen in der bundesrepublikanischen Friedensbewegung zu Beginn ihres Bestehens zeigt sich auch an der Unterstützung zweier Initiativen, die die Ablehnung der atomaren Aufrüstung und der atomaren Stationierung in Europa als gemeinsamen Nenner hatten. Zum einen war dies der Krefelder Appell von 1980, der mit ca. vier Millionen UnterzeichnerInnen eine große Massenmobilisierung aufwies (vgl. Roth 2008: 274f.). Diese kam auch dadurch zustande, dass der Krefelder Appell innerhalb der heterogenen Friedensbewegung einen Kompromiss darstellte, der von vielen Gruppen getragen werden konnte, indem als Verantwortliche für das atomare Wettrüsten nur die USA benannt wurden (vgl. Gollwitzer 1982: 16), was zum Teil auf die zunächst nicht entspannungsorientierte Reagan-Administration zurückzuführen war und auf den Teil der Friedensbewegung, der der DKP nahestand und die UdSSR nicht ebenfalls benannt haben wollte. Genau dieser Aspekt sorgte aber innerhalb der Grünen für Verstimmung bzw. für Kritik an Petra Kelly, eine der ErstunterzeichnerInnen, die damals Bundesvorstandssprecherin war (vgl. Volmer 1998: 76–78).

Zum anderen kam es somit von Seiten der Grünen-Spitze zur Unterstützung des Aufrufs der Bertrand Russell Peace Foundation, der nicht einen Verantwortlichen für das atomare Aufrüsten aufweist, sondern stattdessen das antagonistische Blocksystem für die Bedrohung eines Atomkriegs verantwortlich macht (vgl. Bahro/Vester 1982: 75f.).

Aus pazifistischer Sicht ist beiden Ansätzen gemein, dass sie ihren Fokus auf einen negativen Frieden lenken, da es ihnen als Hauptziele darum geht, Abrüstungsverhandlungen zu einem erfolgreichen Abschluss zu bringen und eine Stationierung von atomaren Waffen in Europa zu verhindern. Beide möchten diese Ziele mit friedlichen Mitteln erreichen, wobei der Krefelder Appell einen starken Akzent auf öffentlichen Druck zur Beeinflussung demokratischer Prozesse in der BRD setzt (vgl. Bundesvorstand die Grünen 1982: 16), wohingegen der Aufruf der Bertrand Russell Peace Foundation für das Friedensziel eine gesamteuropäische Kampagne aktivieren möchte, die von den europäischen Gesellschaften getragen werden sollte (vgl. Bundesvorstand Die Grünen 1982: 74).

3.4 Das Friedensmanifest

Das 1981 auf der 4. Bundesversammlung der Grünen verabschiedete Friedensmanifest sollte die friedenspolitischen Vorstellungen der Partei präzisieren, teilweise unterschiedliche Positionierungen wie den Krefelder Appell und den Aufruf der Bertrand Russell Peace

Foundation in einem Konzept zusammenbringen[18] und vor allem zeigen, dass die Grünen als parlamentarischer Arm der Friedensbewegung fungierten, um damit nach der verlorenen Wahl von 1980 Stimmen hinzuzugewinnen (vgl. Volmer 1998: 83–86).

Waren schon im Bundesprogramm wie auch im Krefelder Appell und im Aufruf der Bertrand Russell Peace Foundation die Bezüge zur bundesrepublikanischen Aufrüstungsdebatte deutlich feststellbar, ist Gleiches auch für das Friedensmanifest zu beobachten (vgl. Grünes Archiv 1: S. 2).

> „Durch das immer schnellere Aufrüsten in West und Ost ist die damit versprochene ‚größere Sicherheit' vor einem 3. Weltkrieg in diesem Jahrhundert nicht erreicht worden. Im Gegenteil, die Kriegsgefahr ist akut geworden und jeder weiß, dass alles was uns wertvoll ist und wir selbst im Ernstfall mit Atomwaffen nicht verteidigt werden können, sondern vernichtet würden. Ein dritter Weltkrieg würde der letzte sein" (Grünes Archiv 1: 2).

So ist die Grundlage Grüner Friedenspolitik der Erhalt allen Lebens auf Erden (vgl. Grünes Archiv 1: 3) und als größte Bedrohung dessen wird atomares Militärpotenzial benannt (vgl. Grünes Archiv 1: 5–8), was den Folgeschluss erlaubt, dass es sich hier um einen Nuklearpazifismus handelt, da es das Ziel ist, einen atomaren Krieg zu verhindern, weswegen nur friedliche Mittel erlaubt sind und Abrüstung geboten ist. Wie in den Ausführungen zum Bundesprogramm bereits vermerkt, könnte eine andere Bedrohungsanalyse zu einer Abkehr von einem solchen Mittelpazifismus führen, da dann ein intensivierter Gewalteinsatz nicht gewissermaßen automatisch zu einem massenhaften Tod führen würde.

Darüber hinaus werden auch hier in Anlehnung an Interdependenztheorien unökologische Formen des Wirtschaftens als Gewalt und damit als friedensbedrohend erachtet (vgl. Grünes Archiv 1: 4), womit auch im Friedensmanifest ein Gewaltverständnis im Sinne

---

18 Das Zusammenbringen des Krefelder Appells und des Aufrufs der Bertrand Russell Peace Foundation kann als nicht geglückt betrachtet werden, da, wie erläutert, der Krefelder Appell einen ganz anderen Adressaten in seiner Kritik an der Nachrüstung benennt. So ist es schwierig, einerseits die USA als Schuldigen der Nachrüstung auszumachen und als Lösung eine Abkehr von der bisherigen US-Sicherheitspolitik zu fordern und andererseits die Blockkonfrontation als für die Nachrüstung ursächlich zu betrachten. Stattdessen werden beide Ansätze einfach nur unabhängig voneinander in unterschiedlichen Abschnitten behandelt (vgl. Die Grünen 1981: 7–10).

Galtungs anzutreffen ist, da Gewalt nicht nur auf direkte physische oder bewaffnete Gewalthandlungen reduziert wird, sondern strukturelle Rahmenbedingungen ebenfalls in Betracht gezogen werden.

Soziale Verteidigung wird als ein wichtiges Instrument eines Grünen Pazifismus hervorgehoben, da somit Frieden im Sinne eines positiven Friedensverständnisses gestiftet werden soll (vgl. Grünes Archiv 1: 12–14):

> „Für unseren neuen Weg zu einem Frieden, der mehr ist als die Abwesenheit von Krieg, wollen wir jetzt schon die Voraussetzungen schaffen. Wir zeigen mit dem Konzept der *sozialen Verteidigung* eine Alternative zum Rüstungswettlauf auf, der in die Sackgasse der Selbstvernichtung läuft" (Grünes Archiv 1: 12).

Eine gewaltarme Form der Verteidigung als ein Mittel der Gestaltung eines positiven Friedens zu betrachten ist eine besondere Form der Interpretation, da nach den oben behandelten Arbeiten zu pazifistischer Theorie ein Konzept gewaltarmer Verteidigung nicht dergestalt subsumiert wurde. So ist denn auch als Begründung für obiges Argumentieren der historische Kontext heranzuziehen, wonach gerade die jeweiligen Verteidigungen mit atomaren Waffen, also das pure Vorhandensein von nuklearem Militärpotenzial, als eine gefährliche Gewaltandrohung und damit als Gewalt eingeschätzt wurden. Da das aktive Verringern oder Beseitigen von Faktoren, die Gewalt verursachen, ein bedeutendes Merkmal eines positiven Friedens ist, ist diese aus der Gegenwart heraus eventuell befremdlich wirkende Einschätzung somit vor dem Hintergrund der nuklearen Bedrohung analytisch richtig.

Überdies thematisieren die Grünen an dieser Stelle, anders als im Bundesprogramm, die Probleme, die in einer Demokratie mit dem Konzept der sozialen Verteidigung einhergehen. Gleichwohl wird an dem Konzept festgehalten (vgl. Grünes Archiv 1: 13).

Der folgende Abschnitt *Wir wollen unsere friedenspolitischen Ziele mit gewaltfreien Methoden erreichen* trifft eine eindeutige Aussage hinsichtlich einer mittelpazifistischen Verortung der Grünen, da eine Symmetrie von gewaltminimierten Handlungen im Mittel und im Zweck zu verorten ist (vgl. Grünes Archiv 1: 14):

> „Die ersten einseitigen Abrüstungsschritte und die Befreiung aus der Blocklogik machen den Weg frei zu unserem eigentlichen Ziel: dem gewaltfreien menschlichen Zusammenleben. Ziel und Weg können aber nicht isoliert gesehen werden, sondern sind aufeinander bezogen und müssen in Übereinstimmung stehen" (Grünes Archiv 1: 14).

Allerdings weisen die Grünen hier ein problematisches Gewaltverständnis auf. Einerseits wird das Konzept der strukturellen Gewalt direkt benannt und damit auch gleichzeitig ein umfassenderes Gewaltverständnis belegt (vgl. Grünes Archiv 1: 14), da nicht nur direkte Formen der Gewalt, wie physische Akte, als Gewalt definiert werden. Andererseits werden die eigenen postulierten Handlungen als *gewaltfrei* bezeichnet:

> „Gewaltfreie ‚Ungehorsame' stehen mit ihrer ganzen Person für den Gesetzesbruch aus Gewissensgründen ein, nehmen eher Gewalt und Strafe gegen sich inkauf als selbst gewalttätig oder ungerecht zu werden" (Grünes Archiv 1: 15).

Doch als gewaltfrei, also frei von jeglicher Gewaltanwendung, können die von den Grünen gewünschten Handlungen nicht eingestuft werden, da diese vermeintlich gewaltfreien Aktionen beispielsweise von legalen Protesten und symbolischen Aufklärungsaktionen bis zu Kampagnen zivilen Ungehorsams reichen sollten, die das gesamte Gesellschaftssystem ablehnen (vgl. Grünes Archiv 1: 14f.). Damit ermöglicht das Friedensmanifest als eine Handlungsoption doch den Rückgriff auf Gewalt, da, wie gezeigt, jegliches Handeln gewaltverstrickt ist, wenn auch der Gewalteinsatz als niedriger einzustufen ist als bei einer direkten physischen Konfrontation. Der Grüne Ansatz der gewaltfreien Aktion beinhaltet sogar zum Teil die Aufforderung, auf strukturelle Gewalt zurückzugreifen, bzw. das Bekenntnis hierzu, da Grüne LehrerInnen in der Diktion des Friedensmanifests bekunden, ihre Rolle als AkteurInnen von Bildungsinstitutionen zu nutzen, um ihre Ideologie gegen die herrschende zu setzen und damit auf die SchülerInnen einzuwirken (vgl. Grünes Archiv 1: 16).

Die Erklärung für ein solch ambivalentes Gewaltverständnis ist darin zu sehen, dass die Grünen auf der einen Seite, wie ausgeführt, sich mittelpazifistisch verorteten und damit ihre Handlungen diesem Anspruch nach auch friedlich bzw. gewaltfrei sein mussten, damit die Symmetrie von Mittel und Zweck erreicht wird. Auf der anderen Seite stehen Handlungen, wie in Kapitel 2 dargelegt, auch unter Effektivitätsanforderungen bzw. die gewaltfreien Methoden der Grünen unter dem Anspruch, ihren Zweck zu erreichen, weswegen dort der eigene Ansatz verteidigt wird: „Es ist ein Missverständnis, gewaltfrei mit passiv oder legal und damit unwirksam gleichzusetzen." (Grünes Archiv 1: 14). Deswegen wird der Öffentlichkeit auch im Folgeschritt eine breite steigerungsfähige Skala von Verhaltensweisen angeboten, damit das Funktionieren des eigenen Konzepts argumentatorisch suggeriert werden kann (vgl. Grünes

Archiv 1: 14f.). Somit bezeichneten die Grünen also ihre auf Frieden hinwirkenden Handlungen als gewaltfrei, wenngleich sie dies nicht waren, da auch ein reduzierter Gewalteinsatz einen Einsatz von Gewalt darstellt.

Wie schon im Bundesprogramm durch Einzelforderungen angedeutet, befasst sich darauf folgend nun ein ganzer Abschnitt *Ziviler Ungehorsam gegen eine militarisierte Gesellschaft* ablehnend mit Faktoren, die Gewalt bzw. Kriegen auf subtile Art zugrunde liegen und die von einer militärisch geprägten Sprache bis zur militärisch orientierten Wirtschaft reichen (vgl. Grünes Archiv 1: 16f.). Zum einen soll hiermit über entsprechende Normierungen ein Friedenszustand aktiv gestaltet werden. Zum anderen belegt dieser Abschnitt ein weit gefasstes Verständnis der Ursachen von Gewalt.

Hinsichtlich einer pazifistischen Einordnung ist das Friedensmanifest trotz der Widersprüchlichkeiten bezüglich des Gewalteinsatzes deutlich in einen Mittelpazifismus einzuordnen.

3.5 Der Grüne Wahlaufruf von 1982

So gingen die Grünen mit einem 1982 von einer Bundesdelegiertenversammlung in Hagen verabschiedeten Wahlaufruf von 15 Seiten in den Wahlkampf, der der Friedenspolitik durch seine Positionierung als erstem Abschnitt höchste Priorität beimaß (vgl. Die Grünen 1983: 4–7). Die dortigen pazifistischen Positionierungen befinden sich in großer Übereinstimmung mit denjenigen, die oben untersucht wurden und deswegen hier nicht noch einmal in aller Ausführlichkeit wiederholt werden. Demnach wurde auch hier, um nur die wichtigsten Punkte zu benennen, Bezug auf die atomare Aufrüstung genommen bzw. auf damit verbundene Abrüstungsforderungen im atomaren wie auch im konventionell militärischen Bereich. Die so genannte Dritte Welt wurde in das Grüne Friedensverständnis mit einbezogen, soziale Verteidigung wurde gefordert und das Ziel einer gewaltfreien BRD angeführt[19] (vgl. Die Grünen 1983: 4–7). „Unser Ideal geht weit darüber hinaus. (…): Eine sanfte, gewaltfreie, grüne Republik ohne zentrale bewaffnete Kräfte nach außen und innen“ (Die Grünen 1983: 5).

Einzig bezüglich des Verhältnisses der BRD zur NATO kann eine bedeutende Änderung festgestellt werden, da hier nun erstmals in

---

19 Da diese Aspekte oben schon auf pazifistische Merkmale hin untersucht wurden, wird an dieser Stelle darauf verzichtet, da bezüglich der einzelnen Aspekte die gleichen pazifistischen Befunde gemacht würden.

Grüner Programmatik ein eigenständiger bundesrepublikanischer Schritt hinsichtlich eines unilateralen Austritts aus dem westlichen Militärbündnis als Beginn einer gewünschten Abrüstungsspirale gefordert wurde (vgl. Volmer 1998: 90/vgl. Die Grünen 1983: 5f.). Aus pazifistischer Perspektive kann diese Akzentverschiebung dahingehend verstanden werden, dass die Grünen hiermit sowohl einen negativen, da Militärpotenziale abgebaut werden sollten, als auch, analog zur obigen Einschätzung der sozialen Verteidigung, einen positiven Friedensansatz verfolgten, da die NATO und Teile ihrer Mitgliedsstaaten als bellizistisch betrachtet wurden und damit eine Schwächung eines dergestalt eingeschätzten Militärbündnisses als friedensstiftend eingestuft wurde (vgl. Die Grünen 1983: 5f.).

> „Gegenüber der im westlichen Bündnis betriebenen Politik der Kriegsvorbereitung, die durch die Regierungen der USA unter Reagan, Großbritanniens unter Thatcher und Frankreichs unter Mitterrand vertreten wird, brauchen wir sobald wie möglich eine Regierung, die zum Alleingang der Bundesrepublik für Frieden und Abrüstung bereit ist" (Die Grünen 1983: 5f.).

Hier wird eine eindeutig mittelpazifistische Verortung vorgenommen, wobei zweckpazifistische Programmatik nur in Ansätzen zu beobachten ist.

3.6 Die Grüne Bundestagsfraktion

1983 zogen die Grünen erstmals mit 5,6 % der Zweitstimmen in den deutschen Bundestag ein (vgl. Raschke 1993: 900) und damit in das parlamentarische Repräsentationsorgan, in das sie qua Parteibeschlüssen bzw. Programmatik, der gerade in der Anfangszeit der Grünen ein sehr hoher Stellenwert eingeräumt wurde (vgl. Raschke 1993: 95f.), einen gewichtigen Teil ihrer pazifistischen Programmatik einzubringen hatten. In der Fraktion selbst saßen bekannte AkteurInnen der Friedensbewegung wie Petra Kelly oder Roland Vogt und bei den Wahlen zum Fraktionsvorstand war die Zugehörigkeit zur Friedensbewegung ein wichtiger Punkt, so dass allein schon rein strukturell Grünen pazifistischen Positionen Bedeutung zukam (vgl. Volmer 1998: 91f.).

So wurde dann auch in der ersten Grünen Bundestags-Legislatur überhaupt ein Großteil der oben angeführten pazifistischen Grünenprogrammatik auch im Parlament vertreten. Diese weitgehenden Überschneidungen erklären sich hauptsächlich zum einen durch personelle Überschneidungen von denjenigen, die maßgeblich in den Parteiwerdungsprozess und in die Arbeit der Bundestagsfraktion eingebunden waren, wie die erwähnten Kelly und Vogt, aber auch Bastian, Burgmann und Reents (vgl. Volmer 1998: 91f.). Zum anderen erklärt sich dies auch durch das seinerzeitige noch stärker ausgeprägte Prinzip der Basisdemokratie der Grünen, was eine größere Bindung der Bundestagsfraktion an Basisbeschlüsse der Partei bewirkte, als dies bei anderen Parteien der Fall war (vgl. Raschke 1993: 488–498).

Dies zeigte sich beispielsweise in der Debatte um die Regierungserklärung 1983, bei der zentrale pazifistische Aspekte aus den aufgeführten Parteibeschlüssen in die Diskussion eingebracht wurden. Die Debatte um die Regierungserklärung wurde als Beispiel herangezogen, da es sich bei einer Regierungserklärung um eine der bedeutendsten parlamentarischen Debatten handelt, die neben den Verlautbarungen des Kanzlers bzw. der Kanzlerin zentrale Aussagen der jeweiligen Fraktionen für die anstehende Legislatur beinhaltet.

Dieses Einbringen Grüner pazifistischer Aspekte unternahm beispielsweise die damalige Fraktionssprecherin Marieluise Beck, die den ersten Grünen Debattenbeitrag lieferte und sich mehrfach in ablehnender Weise auf die von Bundeskanzler Kohl vertretene Aufrüstung der NATO und auf die atomare Gefahr bezog (vgl. Bundestag 4.5.1983) und damit die in allen hier zitierten Grünen Dokumenten dieser Zeit angeführte Furcht vor einem atomaren Krieg artikulierte.

> „Abschreckung heißt, dass Sie bereit sein müssen, Ernst zu machen, Herr Kohl - aber darüber sind Herr Reagan und Sie ja wohl übereingekommen –, Ernst zu machen mit dem Abwurf von Atombomben auf die Menschen, die angeblich unsere Gegner sind. (...) Wir sagen Ihnen, dass wir eine solche Strategie, die Bereitschaft, ganze Völker auszulöschen, für ein Verbrechen halten" (Bundestag 4.5.1983).

Darüber hinaus betonte Marieluise Beck, wie auch Petra Kelly im nächsten Redebeitrag, dass die eingesetzten Mittel gegen die Raketenstationierung friedliche bzw. nach Diktion der Grünen gewaltfreie sein sollten.

> „Ich spreche in diesem Hohen Haus der vielen Männer und wenigen Frauen, weil die Menschen aus der Friedens- und Ökologiebewegung, für die ich hier spreche, in dieser Tradition der Gewaltfreiheit stehen, im Atomzeitalter auch die Drohung Atomwaffen einzusetzen, strikt ablehnen" (Bundestag 4.5.1983).

Dies unterstreicht noch einmal die nuklearpazifistische Verortung der Grünen, da es der Zweck des politischen Bemühens war, den Atomkrieg mit friedlichen Mitteln zu verhindern. Aber auch an dieser Stelle wird angemerkt, dass es sich bei diesen friedlichen Mitteln lediglich um gewaltarme Mittel handeln kann, da Kelly als einen Modus der Gewaltfreiheit auch Gehorsamsverweigerung auf vielen Ebenen ansieht (vgl. Bundestag 4.5.1983), die nach der oben vorgenommenen Definition Gewaltakte, wenn auch minimierte, darstellt.

Des Weiteren betonte Kelly den für Grüne wichtigen Zusammenhang von Frieden und Menschenrechten bzw. kritisierte sie die Bundesregierung für eine selektive Menschenrechtspolitik, die einige Länder nicht berücksichtige (vgl. Bundestag 4.5.1983): „Im Gegensatz zu Ihnen, Herr Kohl, halten wir Frieden und Menschenrechte für unteilbar" (Bundestag 4.5.1983). Dies belegt ein positives Friedensverständnis auch der Grünen Bundestagsfraktion, da Menschenrechte den Frieden aktiv gestalten sollen, anstatt nur auf eine bloße Abwesenheit von Krieg hinzuarbeiten.

Wie schon in den Programmen, wird auch hier auf eine übergeordnete rechtsvollziehende Instanz wie die VN verzichtet, da in ihren folgenden Ausführungen auf das Selbstbestimmungsrecht aller Völker verwiesen und in der Konsequenz jegliche interventionistische Politik verurteilt wird (vgl. Bundestag 4.5.1983). Damit entfällt auch hier eine Konstruktion einer funktionsfähigen internationalen Friedenskonzeption, da die jeweiligen Länder dergestalt beispielsweise massiv gegen Menschenrechte verstoßen könnten, ohne dass solche Friedensgefährdungen geahndet werden könnten.

Als abschließendes Beispiel für die Übereinstimmung von Grüner pazifistischer Programmatik und dem Wirken der Grünen im Bundestag wird Gert Bastian herangezogen, dessen Redebeitrag sich nahezu ausschließlich in negativer Form mit der atomaren Aufrüstung befasste (vgl. Bundestag 4.5.1983) und ihr die oben untersuchte soziale Verteidigung entgegensetzte:

> „Darum fordern wir eine Politik, die zur Auflösung beider Militärblöcke hinführt, und dabei als Teil eines atomwaffenfreien, rüstungsarmen Mitteleuropas auch eine völkerrechtlich neutrale Bundesrepublik ohne automatische Teilhaberschaft an den Konflikten größerer Mächte, jedoch mit einem den veränderten Bedingungen besser angepaßten sicherheitspolitischen Konzept, in dem die soziale Verteidigung ausschlaggebende Bedeutung hat" (Bundestag 4.5.1983).

Überdies setzten die Grünen im Bundestag im Anschluss an die Regierungserklärung ihre diesbezügliche politische Arbeit beispielsweise über eine Vielzahl von großen Anfragen als ein parlamentarisches Mittel fort, um für die Erreichung ihrer pazifistischen Ziele ein Maximum an Öffentlichkeit herstellen zu können (vgl. Volmer 1998: 96f.).

Abschließend bleibt festzuhalten, dass die pazifistische Ausrichtung der ersten Bundestagsfraktion trotz auch vorhandener zweckpazifistischer Konzeptionen eine mittelpazifistische ist.

3.7 Zusammenfassung

Für die ersten Jahre der Grünen kann bezüglich der pazifistischen Verortung festgehalten werden, dass der selbst ernannte parlamentarische Arm der Friedensbewegung einen Mittelpazifismus verfolgte. So sollte der Zweck des politischen Bemühens, das durch Frieden gesicherte Überleben allen Lebens, nur mit friedlichen bzw. gewaltfreien Mitteln erreicht werden, wobei die gewaltfreien Mittel nicht gänzlich gewaltfrei, sondern gewaltarm waren. Das nicht erfüllte Postulat der Gewaltfreiheit offenbart denn auch die Problematik einer völligen Symmetrie von Mittel und Zweck. Denn die Grünen wollten mit ihrer Programmatik ein effektiveres Instrument zur Gestaltung ihrer Umwelt zur Hand haben und sie wollten die BewohnerInnen der BRD davon überzeugen, dass ihre auf den Frieden abzielenden Handlungen die gewünschte Wirkung erzielen, weswegen Handlungsanleitungen mit steigendem Gewalteinsatz beschlossen und veröffentlicht wurden. Nichtsdestotrotz handelte es sich um einen Mittelpazifismus, der bei Volmer 1998 beispielsweise als radikaler Pazifismus verbrämt wird, da mehrfach Festlegungen gegen Kriege, selbst im Verteidigungsfall, als Konfliktlösungsmodus getroffen wurden. Überdies kann diese Grüne mittelpazifistische Ausrichtung noch hinsichtlich ihrer speziellen Ausformung konkretisiert werden. So handelt es sich bei dem Grünen Mittelpazifismus der Anfangszeit um einen Nuklearpazifismus, auch wenn für einige Grüne ethische Gründe handlungsleitend waren, da alle zitierten Grünen Dokumente dieser Zeit und alle bedeutenden zitierten parlamentarischen Beiträge die atomare Bedrohung als Grund für ihre pazifistische Ausrichtung ansehen. Wie der nächste Absatz zeigen wird, lassen sich zwar Ansätze für einen Zweckpazifismus finden, jedoch überlagern dies die Merkmale des Mittelpazifismus.

Die aus Grüner Sicht einzusetzenden pazifistischen Mittel waren die Vereinten Nationen als Vollzieherin einer normativen Friedenspolitik, wobei im Unklaren bleibt, was bei Verstößen gegen als für den Frieden wichtig erachtete Menschenrechte geschieht. Da den VN nur das Recht der Kontrolle zugestanden wird sowie ausgehend von andere Kriegshandlungen negierenden Programmpunkten und parlamentarischen Verlautbarungen lässt sich schließen, dass den VN in solchen Fällen nur die Möglichkeit eingeräumt worden wäre, Menschenrechtsverletzungen festzustellen. Einen intensivierten Gewalteinsatz oder auch nur Handelsembargos sehen die Dokumente und parlamentarischen Debatten der Anfangszeit nicht vor. Durch diese nicht vorhandene Regelung fehlt also eine in sich geschlossene Konstruktion einer Friedenskonzeption mit den VN als Instrument.

Ein weiteres Mittel ist das Konzept der sozialen Verteidigung, mit dem sich die Grünen ausführlich beschäftigten und dem vor dem Hintergrund des atomaren Aufrüstungsdiskurses von Seiten der Grünen ein großer Stellenwert beigemessen wurde. Demnach wurde eine gewaltarme Form der Verteidigung im Kontrast zu den potenziell menschheitsauslöschenden Atomwaffen als friedensstiftend betrachtet.

Darüber hinaus zeigt sich der von den Grünen verfolgte Mittelpazifismus daran, dass sie über Massenmobilisierungen bzw. über den von ihnen ausgehenden gewaltarmen Druck und über den anvisierten Einzug in die Repräsentationsorgane der Bundesrepublik gewaltarme Mittel wählten, um, zusammenfassend gesagt, Abrüstung initiieren und Ursachen von Kriegen abbauen zu können.

Anknüpfend an letzteren Punkt ist festzuhalten, dass die Grünen in ihren Konzeptionen sowohl für einen negativen Frieden arbeiteten, da sie über vielfältige Abrüstungen die konkrete Grundlage für Kriege beseitigen wollten, als auch einen positiven Frieden in ihrem Fokus hatten, da sie nicht nur Frieden über entsprechende Normierungen, sondern auch über das Angehen der Ursachen von Konflikten wie ökologischen Problemlagen oder über Menschenrechtspolitik aktiv gestalten wollten.

4 Wandel des Grünen Pazifismus durch historische Zäsuren

In diesem Kapitel werden nach einer kurzen, aber wichtigen historischen Rahmung erneut viele unterschiedliche Grüne Quellen für die Analyse des Grünen Pazifismus herangezogen. Begonnen wird mit einem Länderratsbeschluss aus dem Jahr 1993, denn obwohl der Länderrat der Grünen zwar nach den Bundesdelegiertenkonferenzen nur das zweitwichtigste Gremium ist, zeichnet sich hier aber erstmals eine Abkehr von der einstigen pazifistischen Verortung ab. Im Anschluss wird die Bonner Sonder-Bundesdelegiertenkonferenz untersucht, da diese eine direkte Reaktion auf den Länderratsbeschluss darstellt. Des Weiteren wird das Bundestagswahlprogramm als ein zentrales öffentlichkeitswirksames Parteidokument auf pazifistische Verortungen hin beleuchtet. Als ein weiteres positionsveränderndes Dokument wird dann der Beschluss der Bundesdelegiertenkonferenz in Potsdam in den Fokus gerückt. Überdies wird einem offenen Brief Fischers an Partei und Bundestagsfraktion ein besonderer Untersuchungsraum eingeräumt, da dieser den Grünen Diskurs dieser Zeit sehr stark prägte und Ausblicke auf spätere Debatten und Wandlungsprozesse ermöglicht. Als letztem Unterpunkt wird sich der Bundestagsfraktion gewidmet, wobei hier innerfraktionelle Debatten und diesbezügliche Entschließungsanträge zu einer Regierungsvorlage und die Bundestagsdebatte zu eben jener die Analysegrundlage bilden.

4.1 Der Bosnien-Krieg, das Ende des Kalten Kriegs und die Grünen

Der zweite hier zu untersuchende Zeitabschnitt, nämlich die Neunzigerjahre des letzten Jahrhunderts, beinhaltete zwei bedeutende Zäsuren für die Grüne pazifistische Verortung bzw. für Grüne Außenpolitik. Erstens läuteten politische Veränderungen das Ende der kommunistischen Sowjetunion und damit das Ende der bipolaren Weltordnung bzw. des so genannten *Kalten Krieges* ein. Mit diesem Ende verschwand gleichsam ein übergeordneter Strukturierungsrahmen, der die weltweiten Außenpolitiken maßgeblich beeinflusst hatte (vgl. Rittberger 2010: 45–49) und nunmehr auch für die Grünen eine Neupositionierung erforderlich machte, da auch zu dieser Zeit die Ereignisse als ein frappierender Epochenbruch wahrgenommen wurden (Schmillen 1994: 65–67), die beispielsweise den Politikwissenschaftler Fukuyama die bekannte Einschätzung vom

Ende der Geschichte (vgl. Fukuyama 1992: 11–41) tätigen ließen. Eine für dieses Buch, aber auch für die Bundesrepublik bedeutende konkrete Veränderung ergab sich aus dem Wegfallen der aus Sicht der meisten BundesbürgerInnen jahrzehntelang bestehenden damoklesshaften Gefahr eines nuklearen Krieges mit der BRD aufgrund ihrer territorialen Lage als zentralem Austragungsort. Für die Partei der Grünen war diese Entwicklung in besonderem Maße entscheidend, da sie, wie geschildert, in personeller und programmatischer Hinsicht stark von der Friedensbewegung und der ihr zugrunde liegenden weltpolitischen Struktur beeinflusst waren (Schmillen 1994: 67–70).

Die zweite bedeutende Zäsur war das erstmalige Entfachen eines Krieges auf europäischem Boden nach dem 2. Weltkrieg. Dieser in dem ehemaligen Jugoslawien stattfindende Krieg erregte aufgrund dessen und aufgrund der kriegerischen Geschehnisse, die BeobachterInnen u.a. von ethnischen Säuberungen sprechen ließen, großes mediales Aufsehen in so genannten westlichen Staaten wie der BRD (vgl. Rupnik 1999: 468) und erhöhte somit den Druck auf die jeweiligen Parteien, situationsgerechte, friedensbringende, oftmals militärische Konzepte zu bieten. „In allen westlichen Staaten meldeten sich Intellektuelle und Politiker zu Wort, die zum Teil mit großer Emotionalität für militärische Gewaltanwendung Partei ergriffen." (Calic 1996: 158). Für die Grünen stellte sich hier die Frage, ob ihrer pazifistischen Programmatik in einem solchen Krieg noch Lösungskompetenz zukam oder ob gar eine Abkehr von der postulierten Gewaltfreiheit und damit von einer der vier Partei-Grundwerte vonnöten war.

4.2 Positionsveränderungen auf dem Länderrat in Bonn

Erste hier näher zu beschreibende Positionswechsel der Grünen weg von einem Mittelpazifismus müssen, wie oben angedeutet, sehr stark vor dem Hintergrund des Krieges im ehemaligen Jugoslawien betrachtet werden (vgl. Volmer 1998: 500), da beispielsweise Grüne ProtagonistInnen 1992 einer breiten Öffentlichkeit im Wochenmagazin *Der Spiegel* ihren Gesinnungswandel angesichts der Schrecken dieses Krieges bekundeten.

> „Der Virus militärischer Operationen macht auch vor dem Pazifismus der Grünen nicht halt. Bundesvorstandsmitglied Helmut Lippelt und die Europaabgeordnete Claudia Roth hatten sich in Ex-Jugoslawien über den Bürgerkrieg informiert und kamen sinnesgewandelt zurück. Die in Lagern festgehaltenen Menschen müssten sofort befreit werden,

forderten sie, wobei völlig klar sei, ‚daß das nicht ohne Gewalt geht' (Lippelt)" (Der Spiegel 1992: 66).

Auch wenn Claudia Roth ihre Aussagen später als missverständlich zurückzog (vgl. Volmer 1998: 499), zeigte sich, dass ein bewaffneter Gewalteinsatz für führende Grüne vor dem Hintergrund eines Kriegs im vormaligen Jugoslawien kein Tabu mehr darstellte, wie auch der Beschluss des Länderrats, des zweitwichtigsten beschlussfassenden Gremiums der Grünen, in Bonn von 1993 zeigte: Die Argumentationsgrundlage der verabschiedeten Resolution bildete denn auch der benannte Krieg, wobei eine sehr drastische Schilderung zu beobachten ist:

> „Auf dem Gebiet des früheren Jugoslawien begann vor mehr als zwei Jahren ein Bürgerkrieg, der mittlerweile auch ein erbarmungsloser Eroberungskrieg ist. Der Krieg dauert in ungeminderter Brutalität an. Aufgrund ethnisch-rassischer Überlegungen werden systematisch Menschen in Lager verschleppt und ermordet, Frauen massenhaft vergewaltigt, Städte und Dörfer dem Erdboden gleich gemacht" (Grünes Archiv 2).

Zwar kritisieren die Grünen die CDU/FDP-Bundesregierung dieser Zeit dann im Folgeschritt dafür, dass sie diese Situation für eine Militarisierung der deutschen Außenpolitik missbrauchen würde, gelangen dann aber zu der Ansicht, dass auch Grüne Friedenspolitik nun vor neuen Herausforderungen stehe (vgl. Grünes Archiv 2), dass also eventuell auch Grüne Außenpolitik sich militarisieren müsste und damit die oben beschriebene mittelpazifistische Orientierung einen Wandel erführe. Des Weiteren sprechen sich die Grünen dann für einen starken Menschenrechtsschutz aus bzw. sogar für eine aktive Politik internationaler Einmischung zum Schutz von Menschenrechten (vgl. Grünes Archiv 2). Dies ist insofern bemerkenswert, als LeserInnen nun zu dem Eindruck gelangen könnten, dass die Grünen sich hiermit auch für eine bewaffnete, also gewaltintensive Einmischung aussprechen, wenn Menschenrechte betroffen sein sollten. Dieser Einschätzung wird dann zwar in unmittelbarer Folge widersprochen, indem beispielsweise gewaltfreie Konfliktbearbeitungen angemahnt werden, wobei dies für Ausnahmefälle wie in Bosnien-Herzegowina nicht gelte und damit der Einwand zum Teil wieder aufgehoben wird.

> „Es bedarf nach wie vor einer zivilen Strategie, die für eine nichtmilitärische und gewaltfreie Konfliktbearbeitung und eine friedliche Streitschlichtung eintritt. In Fällen wie in Bosnien-Herzegowina, wo eine ethnozentrisch-imperialistische Großmachtpolitik in schrecklichster Weise wütet, kann al-

lerdings nicht jeder Einsatz von Zwang und Gewalt von vornherein völlig ausgeschlossen werden, um im Sinne einer (auch pazifistisch gerechtfertigten) Notwehr und Nothilfe das nackte Überleben der Menschen zu sichern" (Grünes Archiv 2).

Hiermit wendeten sich die Grünen trotz aller Einschränkungen erstmals gegen ihren zuvor absolut geltenden Mittelpazifismus, da sie nunmehr mit dieser Resolution beschlossen, dass auch gewaltintensive Mittel vertretbar sein können, womit die Symmetrie von Mittel und Zweck, wenn auch eingeschränkt, mit dieser Beschlusslage zu Lasten des Mittels verschoben wurde. Die Argumentation einer mittelpazifistisch gerechtfertigten Notwehr bzw. Nothilfe wird hier als unzutreffend erachtet, da ein definitorisch schwierig zu fassendes Phänomen – bis zu welchem Punkt kann beispielsweise von Nothilfe und ab wann von einem Angriff gesprochen werden – aus dem individuellen Lebensbereich in die Ebene von größeren Gruppierungen übertragen wird (vgl. Grotefeld 2007: 106). Mit der Bezeichnung Nothilfe wird also versucht, gewaltintensivere Handlungen wie bewaffnete Kriegseinsätze pazifistisch zu kaschieren, bzw. der Eindruck erweckt, dass die bis dahin geltende pazifistische Verortung von der Beschlusslage nicht verändert wird.

Volmer zieht in seinem Werk über die Grüne Außenpolitik die Relevanz des hier beschriebenen Positionswechsels in Zweifel. So widerspricht er Aussagen aus Medien und Wissenschaft, dass dieser Länderratsbeschluss einen Kurswechsel bedeutete, wobei es ihm seiner Argumentation folgend nur darum geht, dass auch Peace-keeping-Einsätze[20] im Verbund mit den VN noch dem Pazifismus

20 Als Peace-keeping-Einsätze bezeichnet man solche militärischen Einsätze, die unter die Oberhoheit der VN fallen und der Prävention, Eindämmung, Vermittlung und Beendigung von Feindseligkeiten mit friedlichen Mitteln dienen. Als Voraussetzung für besagte Einsätze ist das Einverständnis aller Konfliktparteien vonnöten, strikte politische Neutralität muss gewahrt bleiben und bei traditionellen Peace-keeping-Missionen darf militärische Gewalt nur zur Selbstverteidigung angewendet werden. Somit ist meist das Kapitel VI der VN-Charta Grundlage eines solchen Einsatzes. Darüber hinaus existieren auch Peace-keeping-Einsätze der zweiten Generation, die eine Reaktion auf die veränderte weltpolitische Lage nach dem Ende des Kalten Krieges darstellen. Vermehrte Einsätze in Ländern mit weggefallenen staatlichen Strukturen sorgten dafür, dass polizeiliche Aufgaben übernommen werden mussten, also der Gewalteinsatz über Selbstverteidigung hinausging und Einverständnisse für den Einsatz nicht eingeholt wurden. Solche oftmals auch mit dem Adjektiv *robust* versehenen Einsätze haben Kapitel VII der

bzw. dem von ihm präferierten politischen Pazifismus zugerechnet werden können, da er den Wandel nicht inhaltlich bestreitet, seine Argumentation nicht entsprechend untermauert, sondern vielmehr versucht, den Einfluss der vermeintlich militäraffineren Realo-Position herunterzuspielen (vgl. Volmer 1998: 503f.).

Die Grünen bekannten sich hiermit also erstmals, wenn auch nur mittels des zweitwichtigsten beschlussfassendem Gremiums, zu einem gewaltintensiveren bewaffneten Handeln als Konfliktregulierungsinstrument für Belange, die in einem anderen Staat stattfanden, und rückten somit vom Mittelpazifismus ab. Der Menschenrechtsschutz wurde qua Resolution auf die gleiche Stufe mit dem Grundwert Gewaltfreiheit gestellt (vgl. Grünes Archiv 2), womit die oben beschriebene Positionierung vom Selbstbestimmungsrecht der Völker hin zu einer stärkeren menschenrechtsinterventionistischen Politik beschritten wurde. Letzterer Punkt bedeutete gleichsam eine Akzentverlagerung hin zur Gestaltung eines positiven Friedens, da Menschenrechtsverletzungen als friedensgefährdender Faktor ausgemacht wurden bzw. Rechtssetzungen Frieden stiften sollten.

4.3 Die Bonner-Sonder-BDK als Reaktion auf den Länderratsbeschluss

Der oben besprochene Länderratsbeschluss führte zu kontroversen Diskussionen innerhalb der Partei Bündnis 90/Die Grünen[21], da viele Grüne wie beispielsweise der dem linken Lager zugehörige Jürgen Trittin, zu diesem Zeitpunkt niedersächsischer Minister für Bundes- und Europaangelegenheiten, den Beschluss als eine Militarisierung Grüner Außenpolitik, also als ein Verlassen gewaltfreier Politik, interpretierten und dies an den Grundfesten der Partei rühre. In der Konsequenz wurde eine Sonder-Bundesdelegiertenkonferenz (BDK) veranstaltet, was die Relevanz des pazifistischen Themas für die Grünen unterstreicht, um sich erneut mit den vom Länderrat beschlossenen Aspekten zu befassen (vgl. Volmer 1998: 504f.).

VN-Charta als Grundlage, die einen höheren Gewalteinsatz ermöglicht (gl. Lüder 2004: 10–22).

21 Durch das Zusammengehen mit Bündnis 90 im Jahr 1993 änderte sich die Partei-Bezeichnung der Grünen um in Bündnis 90/Die Grünen, wobei hier nun meist die gebräuchlichen Kurzformen *Bündnisgrüne* oder *Grüne* verwendet werden.

Gleich im ersten Absatz des Beschlusses der außerordentlichen Bundesversammlung mit dem Titel *Gewaltfreiheit und Menschenrechte – friedenspolitische Grundlinien von Bündnis 90/Die Grünen* legt sich das oberste beschlussfassende Gremium der Grünen über die Festlegung auf gewaltarme Mittel auf einen Mittelpazifismus fest:

„Wir sind überzeugt, daß die Durchsetzung einer ökologisch-solidarischen Weltfriedensordnung nur mit dem Einsatz ziviler Mittel erreicht werden kann." (Grünes Archiv 3: 1). Direkt im Anschluss wird als Untermauerung dessen aus dem Kapitel *Gewaltfreiheit* im 1993 verabschiedeten Grundkonsens, der aus dem Zusammenschluss mit Bündnis 90 hervorging, zitiert, wo Krieg als Mittel der Konfliktlösung, wie in vorhergehenden Programmen auch, expressis verbis abgelehnt wird. Zudem dient auch das Berufen auf die Tradition des Bündnisgrünen Pazifismus dazu, die Positionierung auf einen Mittelpazifismus zu festigen (vgl. Grünes Archiv 3: 1). Überdies wird die im Länderratsbeschluss von Bonn vorgenommene Priorisierung der Menschenrechte im Beschluss der Sonder-BDK nicht dergestalt vorgenommen, da sie hier keine explizite Aufwertung erfahren (vgl. Grünes Archiv 3: 1). Diese nicht vorgenommene Priorisierung mindert den Handlungsdruck bei Menschenrechtsverletzungen, da dergestalt andere Werte wie die aufgezählte Gewaltfreiheit mindestens ebenso wichtig sind und sich somit kein verstärkter militärischer Interventionszwang ergibt.

Die am Anfang des Antrags vorweggenommene Positionierung gegen militärgestützte Konfliktbearbeitung als Instrument der Außenpolitik wird dann im Weiteren noch einmal ausführlicher mit dem allgemein gehaltenen Berufen auf deutsche Geschichte bestätigt:

> „Bündnis 90/Die Grünen setzen sich für eine konsequente Zivilisierung der Außenpolitik ein. Die deutsche Geschichte verpflichtet gerade uns in besonderer Weise, unseren Beitrag dazu zu leisten, daß die internationale Staatengemeinschaft künftig Mittel und Wege bereit hat, um auch die von einzelnen Staaten oder Staatengruppen zu gefährlicher Größe aufgerüsteten Staatsverbrecher ohne Rückgriff auf militärische Gewalt wieder bändigen zu können" (Grünes Archiv 3: 2).

Statt des zitierten Rückgriffs auf militärische Gewalt sollen bestimmte Instrumente der Konferenz für Sicherheit und Zusammenarbeit in Europa (KSZE), wie der Aufbau eines Potenzials internationaler Fachleute zur Konfliktvorbeugung oder eine Weiterentwicklung der Schiedsgerichtsbarkeit der KSZE, zur zivilen Konfliktbearbeitung neu entwickelt oder ausgebaut werden (vgl. Grünes

Archiv 3: 3). Hiermit setzen die Grünen auf die gewaltarme Gestaltung eines positiven Friedens, da die Ursachen von Gewalt angegangen und juristische Regularien bzw. eine rechtliche Friedensordnung weiterentwickelt werden sollen. Ein solch positiv gestifteter Frieden soll also die Anwendung militärischer Gewalt gar nicht erst nötig machen.

Auch die als Ziel benannte Bewahrung der Menschenrechte kann in diesem Licht als ein Stiften von positivem Frieden betrachtet werden, da das Verletzen von Menschenrechten, wie oben untersucht, die betroffenen Menschen, allgemein formuliert, in ihren Entwicklungschancen einschränkt. Dem Beschluss nach stellen für den Menschenrechtsschutz sogar die inneren Angelegenheiten eines Staates kein Hindernis dar[22], wobei auch hier eine Festlegung auf gewaltarme Mittel erfolgt:

> „Die internationale Durchsetzung von Menschenrechten darf sich keiner militärischen Mittel bedienen, wenn das Ziel der dauerhaften Entmilitarisierung der internationalen Politik eine Chance haben soll." (Grünes Archiv 3: 3)

Nach diesen Bestimmungen, die kriegspräventiv wirken sollen, wendet sich der Antrag dem Krieg im ehemaligen Jugoslawien zu und artikuliert, dass dieser einer Kategorie an Konflikten zugehörig sei, die nicht präventiv beantwortet werden könne (vgl. Grünes Archiv 3: 3).

> „Wir sehen aber klar, daß nicht jede Aggression präventiv verhindert werden kann. Der serbische und kroatische Eroberungskrieg bietet ein Beispiel für eine Politik, die den Mitteln des politischen Zwangs nicht zugänglich ist. Wo Macht und Gewalt die einzige Sprache sind, muß Zwang dagegen gesetzt werden. (...) Hier muß schnell, hart, effektiv und konsequent, aber nichtmilitärisch gehandelt werden." (Grünes Archiv 3: 4)

In dem Beschluss wird also auf die Ursache eingegangen, die den Positionswechsel des Bonner Länderrats begründete, nämlich die in beiden Anträgen benannten Kriegsgräuel, wobei der Antrag der

---

22 Dies ist insofern bemerkenswert, als die Charta der VN die Souveränität eines jeden Landes, also die Nichteinmischung, garantiert, obgleich in den letzten Jahren ein Normenwandel stattgefunden hat, der durch die Internationale Kommission zu Intervention und Staatensouveränität (ICISS) in einem Bericht von 2001 dokumentiert wurde, dass beispielsweise in Fällen schwerwiegenden Schadens für eine Bevölkerung der Schutz derselben über das Gebot der Nichteinmischung gestellt wird (vgl. Wolf 2005: 86).

Bonner Sonder-BDK zu dem Schluss kommt, dass nicht militärisch, also nicht gewaltintensiv gehandelt werden muss.

Da, wie im obigen Theorieteil dargelegt, politisches Handeln wie Handeln allgemein Effektivitätsüberlegungen unterworfen ist, untermalt der Beschluss zu den friedenspolitischen Grundlinien direkt im Anschluss an das letzte Zitat den Effektivitätsanspruch der Grünen mittelpazifistischen Verortung:

> „Die Globalisierung der Weltwirtschaft seit Ende des 2. Weltkriegs und die damit verbundene gegenseitige wirtschaftliche Verflechtung der Staaten hat neue Instrumente des Zwanges geschaffen, die die militärischen an politischer Effizienz übertreffen können." (Grünes Archiv 3: 3–4)

Diesem Anspruch müssen die Bündnisgrünen als politische Partei, die qua Grundgesetz an der politischen Willensbildung mitwirken soll, auch gerecht werden, um einerseits die eigenen Parteimitglieder von der mittelpazifistischen Programmatik zu überzeugen und andererseits auch die BürgerInnen der BRD. Das Instrument dieses Grünen Anspruchs ist strukturelle Gewalt (vgl. Grünes Archiv 3: 4).

Überdies setzen sich die Grünen hier für eine Stärkung der VN ein, beispielsweise über einen den VN unterstellten Internationalen Gerichtshof für Menschenrechte, um sie zur zentralen internationalen Konfliktbearbeitungsinstanz aufzuwerten (vgl. Grünes Archiv 3: 4–6).

Die sich durch den ganzen Beschluss ziehende Absage an militärische Handlungen wird auch hier vollzogen, indem sogar die VN-Charta dahingehend verändert werden soll, dass friedensschaffende, also gewaltintensive VN-Einsätze ausgeschlossen werden (vgl. Grünes Archiv 3: 6).

Zum Ende des Antrags werden noch einmal kurz Verortungen bezüglich eines negativen Friedens vorgenommen, da dort die Abschaffung der Bundeswehr und internationale Abrüstungsverhandlungen gefordert werden (vgl. Grünes Archiv 3: 6).

Diesem Antrag wurde letztlich mit großer Mehrheit zugestimmt, wobei hervorzuheben ist, mit welcher Eindeutigkeit er sich gegen jegliche militärische Einsätze wendet. Diese Eindeutigkeit muss vor dem Hintergrund des mit großer Kritik bedachten Bonner Länderratsbeschlusses gesehen werden, da dieser an einem gewichtigen Teil der Partei-Identität, nämlich des Pazifismus bzw. des Mittelpazifismus, rührte. Der Bonner Sonder-BDK-Beschluss ist somit, wie beispielsweise der Eingangsabsatz belegt, Selbstvergewisserung und Verteidigung der spezifischen pazifistischen Verortung. Darüber hinaus führt Volmer in seinem Werk über Grüne Außenpolitik aus, dass der Antrag darum explizit mittelpazifistisch wurde, da er die von ihm als Radikalpazifisten titulierten Parteimitglieder für die Verabschiedung benötigte (vgl. Volmer 1998: 506f.), wobei dies als ein Beleg dafür zu werten ist, dass der mittelpazifistischen Strömung zu dieser Zeit noch großer Einfluss zuteil wurde.

Des Weiteren ist hervorzuheben, dass die Anteile des Beschlusstextes, die sich mit einem negativen Frieden befassen, im Vergleich zu Positionierungen des vorangegangenen Jahrzehnts wesentlich kürzer ausfallen, was als eine Reaktion auf die veränderte weltpolitische Lage, sprich das Ende des so genannten Wettrüstens zu betrachten ist. Dem entgegengesetzt spielen Elemente eines positiven Friedens nunmehr eine größere Rolle.

Abschließend bleibt sich noch mit der Frage zu befassen, wie es dazu kommen konnte, dass zwei verschiedene Grüne Gremien innerhalb einer kurzen Zeitspanne zu unterschiedlichen Einschätzungen kommen, was gewaltintensivere Einsätze betrifft. Die Sekundärliteratur gibt auf diese Frage keine bzw. sich nur implizit erschließende Antworten. Volmer führt beispielsweise in seinem Werk aus, dass der Bonner Länderrat der erste kommissarische[23] Länderrat nach der Vereinigung mit Bündnis 90 ist, ohne jedoch auf etwaige Auswirkungen bezüglich pazifistischer Einstellungen einzugehen (vgl. Volmer 1998: 502f.). So waren VertreterInnen von Bündnis 90, die nicht den oben beschriebenen Erfahrungshintergrund der Westgrünen teilten, gegenüber militärgestützten Einsätzen mehrheitlich aufgeschlossener, wie auch ein Antrag der Bundestagsgruppe Bündnis 90[24] aus dem Jahr 1993 belegt, in dem der Einsatz von friedensschaffenden, also gewaltintensiven Blauhelmtruppen in bestimmten Ausnahmesituationen für legitim erklärt wurde (vgl. Bundestag 22.9.1993). Demnach hat also der Einfluss von Bündnis 90-VertreterInnen bei der Länderratsentscheidung eine wichtige Rolle gespielt, da sie hier gegenüber einer BDK größeren Einfluss genossen. Im Gegensatz zu einer Bundesdelegiertenkonferenz, bei der die Delegierten eines Landesverbandes nach der Mitgliederzahl bemessen werden und damit dort mitgliederstärkere

---

23 Dieser war zunächst nur kommissarisch, da nach der Vereinigung mit Bündnis 90 noch nicht alle Mitglieder ordentlich gewählt werden (vgl. Volmer 1998: 502).

24 Den westdeutschen Grünen war bei der Wahl von 1990 der Einzug in den Bundestag nicht gelungen, lediglich die ostdeutsche Bundestagsgruppe konnte über eine Sonderregelung ins Parlament einziehen (vgl. Bundesvorstand Bündnis 90/Die Grünen 2004: 170).

westdeutsche Landesverbände besser repräsentiert waren, entsendet jeder Landesverband eine gleich große Anzahl an Delegierten, so er nicht überproportional viele Mitglieder hat, in den Länderrat. Dadurch und durch die Möglichkeit eines aufschiebenden Vetos der Bündnis 90-VertreterInnen kam ihnen im Länderrat relativ großer Einfluss zu (vgl. Die Grünen 1993: 19–21).

4.4 Das Bundestagswahlprogramm von 1994

Bei dem mit nur einer Gegenstimme verabschiedeten Bundestagswahlprogramm der Grünen von 1994 fällt zunächst auf, dass dem Thema der Außenpolitik bzw. dem des Pazifismus im Vergleich zu vorherigen Wahlprogrammen ein weitaus geringerer Stellenwert eingeräumt wird, was sich zum einen an der hierfür vorgesehenen relativ geringen Seitenzahl und zum anderen an der Positionierung als letztes Kapitel des Programms festmachen lässt. Die Ursache hierfür ist in der Veränderung der weltpolitischen Lage zu sehen, wonach dem so genannten *Kalten Krieg* und damit verbundenen Thematisierungen nach dem Ende der Bipolarität keine Bedeutung mehr zukam. Innenpolitische Gründe hingegen spielten bei der Wahl von 1994 für die Bündnisgrünen eine weitaus größere Rolle, da diese zudem davon ausgingen, dass die Wahl von 1990 unter anderem deswegen verloren ging, weil dieser Dimension zu wenig Aufmerksamkeit geschenkt wurde (vgl. Volmer 1998: 508/Kleinert 1992: 408–411).

Um hier Wiederholungen zu vermeiden, werden den Pazifismus betreffend lediglich die Aspekte ausführlicher untersucht, denen ein Neuigkeitswert in Bezug auf hier untersuchte Programme und Beschlüsse beigemessen werden kann.

So bewegt sich das Wahlprogramm von 1994 inhaltlich sehr stark in den Konturen der Programme und Beschlüsse der letzten anderthalb Jahrzehnte. Programmatische Neuerungen ergaben sich in außenpolitischer Hinsicht vor allem bezüglich der Europäischen Union, wobei diese hier aufgrund des pazifistischen Fokus nicht näher untersucht werden. Denn die europapolitischen Forderungen zielen lediglich zum Teil und dann auch nur implizit auf einen positiven Frieden ab, indem beispielsweise Supranationalität oder mehr innereuropäische Demokratie gefordert wird, da sowohl das Überwinden der Nationalstaatlichkeit, gerade im europäisch-historischen Kontext, als auch der Ausbau demokratischer Beteiligungsformen als Beiträge zu einem positiven Frieden zu werten sind. Darüber hinaus ordnen die Bündnisgrünen das betreffende Unterkapitel auch selbst nicht in friedenspolitische Bezüge ein (vgl. Die Grünen 1994: 77f.).

Es erfolgt eine Festlegung auf friedliche Mittel:

> „Frieden und Sicherheit bedürfen in erster Linie der vorausschauenden Verhinderung von Konflikten, der friedlichen Streitbeilegung, des Ausbaus der Institutionen, die Demokratie und Menschenrechte, insbesondere auch Minderheitenrechte sichern, und für den Fall, daß diese Mittel versagen, wirksame Instrumente von nichtmilitärischem Druck und Einflussnahme" (Die Grünen 1994: 75).

Menschenrechten wird eine besondere Bedeutung eingeräumt, wobei auch hier die Einschränkung hinsichtlich ziviler, also gewaltarmer Einflussnahme vorgenommen wird. Die postulierte Gewaltfreiheit, also dass ein Nichtvorhandensein von Gewalt die Grüne Menschenrechtspolitik qua Bundestagswahlprogramm prägt, kann auch an dieser Stelle nicht festgestellt werden, da beispielsweise die Außenwirtschaftspolitik als ein Instrument struktureller Gewalt gegen menschenrechtsverstoßende Staaten eingesetzt werden soll (vgl. Die Grünen 1994: 73).

Des Weiteren finden sich hier, wie in vorherigen Grünen Wahlprogrammen auch, ausführliche pazifistische Verortungen, die über eine anvisierte Abschaffung der Nato, über unterschiedliche Abrüstungsforderungen und über eine schrittweise Abschaffung der Bundeswehr auf einen negativen Frieden abzielen, da somit der konkreten Basis für Kriegshandlungen die Grundlage entzogen werden sollte (vgl. Die Grünen 1994: 74-76).

Die VN werden als zentrale Akteurin für die internationale Konfliktregulierung benannt, die über Reformen gestärkt werden soll, wobei, wie bei dem Bonner Sonder-BDK-Beschluss gefordert, *friedensschaffende* Einsätze nicht mehr zum VN-Instrumentarium gehören sollen (vgl. Die Grünen 1994: 78f.).

Eine bedeutende Neuerung in pazifistischer Hinsicht ergibt sich aber hinsichtlich der von den Bündnisgrünen gewünschten ausgebauten Funktion des Menschenrechtsschutzes der VN als Friedenssicherung.

> „Erst wenn Verfahren der friedlichen Streitbeilegung durch Verhandlungen oder internationale gerichtliche Entscheidung erwiesenermaßen keinen Erfolg haben, ist ein Stufensystem von Angeboten und Druckmitteln einzusetzen, das von zivilen Hilfsmaßnahmen über politische und ökonomische Embargomaßnahmen bis zu Blockaden und deren

Überwachung durch zollpolizeiliche UNO-Einheiten reicht" (Die Grünen 1994: 78).

Denn diese Forderung nach zollpolizeilichen Einheiten bedeutet eine in Grünen Wahlprogrammen erstmalige Unterstützung von bewaffneten, wenn auch nur in leichter Form und dies auch nur nach einem gewaltabgestuften Verfahren, VN-Einsätzen für friedliche Belange (vgl. Volmer 1998: 510). Damit widersprechen sich die eingangs behandelte Festlegung auf einen Mittelpazifismus und die hier nun vorgenommene Positionierung, wonach, bewusst unkonventionell bzw. das Militärische verschleiernd formuliert (vgl. Volmer 1998: 510), zollpolizeiliche Einheiten, also bewaffnete VN-Einheiten, Blockaden überwachen sollten. Denn die defensiv formulierte Aufgabe *Überwachung* macht den Einsatz von Waffen, also gewaltintensive Handlungen, erforderlich, wenn Zuwiderhandlungen erfolgen. Damit ist in kleinen Teilen eine Abkehr vom zuvor explizit ausgeführten Mittelpazifismus festzustellen, da es eine, wenn auch schwache Öffnung hin zum Militärischen in einem Teilbereich der Grünen Außenpolitik qua Programm gegeben hat.

Darüber hinaus befasst sich ein im Vergleich zu vorherigen Programmen leicht kürzerer Abschnitt mit der so genannten Nord-Süd-Politik, bei dem ebenfalls über einen geforderten Interessenausgleich in ökonomischer und ökologischer Hinsicht zwischen Industrie- und Entwicklungsländern die Grundlagen für einen positiven Frieden geschaffen werden sollen (vgl. Die Grünen 1994: 79f.).

Zusammenfassend betrachtet greifen die Bündnisgrünen in diesem Wahlprogramm auf bereits verwendetes mittelpazifistisches Repertoire zurück, was die Ausführungen zum positiven und negativen Frieden betrifft und was die Formulierungen zur Mittelwahl bzw. gegen das Militärische nahelegen. Wie in anderen Programmen und Beschlüssen auch, kann den Grünen Konzepten des Wahlprogramms jedoch keine völlige Gewaltfreiheit attestiert werden. Daran anknüpfend ermöglichen die Grünen programmatisch sogar erstmals Handlungen, wenn auch in eingeschränkter Form, die einen über den Aspekt der strukturellen Gewalt hinausgehenden Gewalteinsatz erlauben. Wie in den anderen hier besprochenen Dokumenten auch, spielen Elemente eines positiven Friedens eine wichtige Rolle, allerdings stehen Überlegungen zum eingesetzten Mittel bzw. zur Negation eines Gewalteinsatzes noch im Vordergrund, so dass immer noch ein Mittelpazifismus als vorherrschende pazifistische Ausrichtung festzustellen ist.

4.5 Die BDK in Potsdam nimmt positiv Stellung zu Blauhelmen

War durch das Wahlprogramm von 1994, wenn auch verklausuliert und eingeschränkt, schon der Weg zu einer Akzeptanz von Blauhelm-Einheiten, also VN-Einheiten zur Friedenssicherung oder -erhaltung, beschritten, nahm die Potsdamer BDK und damit die Bündnisgrüne Partei im Dezember 1994 erstmals (vgl. Volmer 1998: 512) in Form eines Beschlusses explizit in bestätigender Weise Stellung zu Blauhelm-Einsätzen.

Der Anlass dieser Positionsverschiebung waren die kriegerischen Geschehnisse in Bosnien-Herzegowina:

> „In Bosnien-Herzegowina spielt sich nicht nur eine menschliche Tragödie ab mit Hunderttausenden von Toten, Millionen Vertriebenen, der Zerstörung der Lebensgrundlagen eines Volkes und der Verwüstung kulturhistorischer einmaliger Städte. (...) In Bosnien-Herzegowina findet zum ersten Mal seit den Gräueln des Nationalsozialismus ein ethnisch maskierter Vernichtungs- und Vertreibungskrieg in Europa statt" (Grünes Archiv 4: 1).

Der hier vorgenommene kurze Bezug auf den Nationalsozialismus, der die Notwendigkeit der pazifistischen Verschiebung unterstreichen sollte, wird im folgenden Unterpunkt einer näheren Untersuchung unterzogen.

Die politische Konsequenz war, wie schon angedeutet, das Befürworten von Blauhelm-Einsätzen.

> „Angesichts der ausweglosen Situation in Bosnien gibt es gegenwärtig keine Alternative zur deeskalierenden Rolle von Blauhelmen. Nur unter dieser Voraussetzung ist es möglich, einen dauerhaften Frieden zu erreichen. (...) Wir fordern deshalb: (...) Abzug der serbischen Truppen aus der Region Bihac und Stationierung von zur Selbstverteidigung fähigen Blauhelm-Kontingenten an den Grenzen der Sicherheitszonen" (Grünes Archiv 4: 1).

Mit diesem Beschluss entfernten sich die Grünen ein weiteres Stück von ihrem zuvor als absolut geltenden Mittelpazifismus. Zwar waren den Blauhelm-Einheiten keine aktive Rolle und nur eine leichte Bewaffnung zugedacht, nichtsdestotrotz kam ihnen im Falle eines Angriffs eine gewaltintensive Rolle zum Zwecke der Friedensstiftung zu.

4.6 Fischers Brief an die Partei und die dadurch ausgelöste Diskussion

Neben dem Kriegsgeschehen im ehemaligen Jugoslawien, das, wie geschildert, bestehende Grüne pazifistische Positionen tangierte, indem es sie verstärkten Rechtfertigungszwängen aussetzte und zu leichten Positionsverschiebungen geführt hatte, beeinflusste ein offener Brief des bei den Grünen einflussreichen Realos Joschka Fischer (vgl. Geis/Ulrich 2002: 131–133) die Grüne Pazifismus-Debatte in erheblichem Maße. Dieser Brief hatte den Titel *Die Katastrophe in Bosnien und die Konsequenzen für unsere Partei Bündnis 90/Die Grünen* und wurde von innerparteilichen GegnerInnen als große Gefahr für den bis dahin bestehenden Grünen Pazifismus ausgemacht:

So urteilt Volmer, der zu diesem Zeitpunkt dem Linken Forum, einer politisch links von den Realos einzuordnenden Grünen Strömung, in führender Position angehörte, in seinem Buch über Grüne Außenpolitik in deutlichen Worten, dass diese Veröffentlichung wegen ihrer weitreichenden Inhalte und wegen der erzeugten medialen Aufmerksamkeit seine friedenspolitische Konzeption hintertrieben bzw. überrollt hätte (vgl. Volmer 1998: 513), und auch Jutta Ditfurth als ehemalige einflussreiche Vertreterin des so genannten Fundi-Flügels schreibt dem Brief eine große Bedeutung zu (vgl. Ditfurth 2001: 283f.). Diesem Buch Ditfurths muss aufgrund seiner oftmaligen Polemik (vgl. Ditfurth 2001: 284, 287, 294, 302) – „Ihr Symbol war die Sonnenblume. Heute ist sie verfault und dabei so giftig, daß sie nicht einmal mehr als Kompost zu gebrauchen ist" (Ditfurth 2001: 9) – und aufgrund seiner heftigen, unwissenschaftlichen Sprache (vgl. Ditfurth 2001: 286, 289, 320) attestiert werden, dass es sich hierbei mehr um eine fundamentale Abrechnung mit der nun verlassenen Partei handelt als um eine wissenschaftliche, distanzierte Betrachtung des Beobachtungsgegenstands trotz beispielsweise einer Vielzahl an Literaturbelegen, die die jeweiligen Aussagen stützen sollen. Nichtsdestotrotz liefert Ditfurth hilfreiche Einschätzungen, auch wenn ihre Argumentationen oftmals überzeichnet sind.

Dieser Brief nahm direkten Bezug auf kriegerische Ereignisse im vormaligen Jugoslawien, bei denen, um das bekannteste Beispiel zu wählen, Serben bei der Eroberung der VN-Schutzzone in Srebrenica Tausende von ZivilistInnen erschossen hatten, und erklärte, dass spätestens seit diesem Zeitpunkt die bisherige VN-Politik gescheitert sei. Die vielfältigen auf einen Frieden abzielenden Maßnahmen, die von politischen Lösungsversuchen der so genannten wichtigsten

Mächte über diverse Sonderbeauftragte bis zu Waffenembargos und Schutzzonen und damit verbundener leichter militärischer Präsenz reichten, hätten nicht ihren Zweck erfüllt (vgl. Grünes Archiv 6: 1). Damit äußert Fischer im gleichen Zuge, wenn auch nur implizit, dass gewaltarme Mittel wie diplomatische Verhandlungen oder passive Schutzzonen sich als Konfliktlösungsinstrument nicht bewährt hätten. In der Konsequenz formuliert Fischer in der Frageform verschiedene Handlungsoptionen, die sich nun ergeben würden:

> „Wie soll es weitergehen in Bosnien, wenn der bisherige UN Einsatz gescheitert ist? Heißt das den Abzug der Blauhelme? Bedeutet das eine Beendigung des Waffenembargos und Lieferung von schweren Waffen an die bosnische Regierungsarmee? Oder heißt das im Gegenteil jetzt seine Fortsetzung als militärische Intervention der Vereinten Nationen zum Schutz der Schutzzonen ohne wenn und aber? Oder geht es am Ende gar so weiter wie gehabt?" (Grünes Archiv 6: 2)

Damit stellt Fischer die LeserInnen durch die von ihm gewählten Alternativenbestimmungen nicht wirklich vor eine Wahl, da weder ein Abzug der Blauhelme noch ein Weiter so angesichts des Geschehenen eine Option für die RezipientInnen sein konnte. Hierbei ist anzumerken, dass nach dem eingeschränkten Positionswandel im Wahlprogramm von 1994 und nach einer Pro-Blauhelm-Beschlusslage der BDK von Potsdam diese Art der Konfliktbearbeitung in Form von Blauhelm-Einsätzen nicht gegen das bis dahin geltende Pazifismusverständnis von Bündnis 90/Die Grünen verstieß. Jedoch hatte sich, wie erwähnt, diese Politik der Friedensstiftung nicht bewährt, wobei angemerkt sein muss, dass viele Grüne PazifistInnen nicht den Anspruch vertraten, dass sie ihre Idealvorstellung von Friedenspolitik im ehemaligen Jugoslawien gewesen wäre (vgl. Müller 1995).

Dem entgegengesetzt sind die Optionen der Lieferung von schweren Waffen oder eine militärische Intervention der VN ohne jegliche Restriktionen, wobei diese Möglichkeiten durch Grüne pazifistische Programmatik nicht abgedeckt waren, jedoch durch die beschriebene Gegenüberstellung mit dem spezifischen Kontext als nunmehr plausibler Modus Operandi erschienen.

Für Fischer ergibt sich somit eine Alternativlosigkeit bezüglich des Einsatzes von Gewalt, wobei er damit, nach der Verwerfung der gewaltarmen Methoden, nur militärische Gewalt meinen kann:

> „Eine Opfer und Gewalt vermeidende politische Alternative in der gegenwärtigen Lage in Bosnien ist nicht in Sicht, und diese bittere Tatsache muß gerade eine gewaltfreie Partei herausfordern" (Grünes Archiv 6: 2).

Nach dieser Festlegung auf einen bis dahin noch nicht näher definierten intensiven Gewalteinsatz behandelt Fischer zunächst über mehrere Seiten die Ursachen des Konflikts bzw. hauptsächlich die Fehler des Westens für diesen Krieg (vgl. Grünes Archiv 6: 2–5). Im Folgeschritt beschreibt er in drastischer Sprache die negativen Auswirkungen des Krieges und argumentiert, dass dergleichen Geschehnisse für die europäischen in Frieden lebenden Demokratien schlimme Konsequenzen haben würde, ohne dies allerdings zu konkretisieren (vgl. Grünes Archiv 6: 7). Der Schluss, dass nicht nur für Europa, für den so genannten Westen insgesamt und auch für die VN bei diesem Krieg unglaublich viel auf dem Spiel stehe, führt ihn erneut zu der Einschätzung, dass die bisherige friedensbewahrende Politik einer Überprüfung bedarf, und bezieht die Grüne pazifistische Politik mit ein (vgl. Grünes Archiv 6: 7f.).

> „Dies gilt auch für die Diskussion in unserer Partei Bündnis 90/Die Grünen. Auch wir werden uns angesichts des bosnischen Dramas sehr genau und mit großer Ehrlichkeit zu überlegen haben, was die Konsequenzen unserer Position sind, und wie weit wir sie tatsächlich durchhalten können" (Grünes Archiv 6: 8).

Diese hier schon gut erkennbare Skepsis bezüglich der bisherigen pazifistischen Beschlusslage wird dann noch einmal in Frageform konkretisiert:

> „Können Pazifisten, kann gerade eine Position der Gewaltfreiheit den Sieg der brutalen, nackten Gewalt in Bosnien einfach hinnehmen? Was ist zu tun, wenn alle bisherigen Mittel - Embargo, Schutzzonen, Kontrolle schwerer Waffen, Verhandlungslösungen - schlicht versagt oder zumindest gegenüber der militärischen Gewalt nicht ausreichend gewirkt haben?" (Grünes Archiv 6: 8)

Im Anschluss wendet er sich zunächst in inhaltlich zum Teil wiederholender Weise den vermutlichen Auswirkungen des Krieges im ehemaligen Jugoslawien zu, um dann, wenn auch indirekt, einen Bezug zum Dritten Reich herzustellen (vgl. Grünes Archiv 6: 9):

> „Und, so wird weiter die quälende Frage gestellt, droht unserer Generation jetzt nicht ein ähnliches politisch-moralisches Versagen, wie der Generation unserer Eltern und Großeltern in den dreißiger Jahren, wenn wir dem

> Schrecken mit unseren Möglichkeiten nicht entgegentreten und alles menschenmögliche tun, um weitere Opfer zu verhindern?" (Grünes Archiv 6: 9)

Hiermit benutzt Fischer einen gerade für den Grünen Kontext stark aufgeladenen Vergleich, da viele der Grünen sich in der so genannten 68er Bewegung oder in der Friedensbewegung der BRD engagiert hatten, die sich u.a. sehr kritisch mit der Geschichte dieses Zeitabschnitts deutscher Geschichte auseinandersetzten. Aber auch für andere Grüne gehörte es zum politischen Wertegerüst, dass sich die Verbrechen des deutschen Faschismus nicht wiederholen dürfen.

> „‚Nie wieder Faschismus, nie wieder Krieg' hatte eine Parole der Friedensbewegung gelautet. Sie war als Reflex auf die historische Tatsache entstanden, daß deutscher, spanischer, italienischer Faschismus, Nationalismus und Militarismus in enger Verflochtenheit Angriffskriege, Demokratiezerstörung und Völkermorde hervorgetrieben hatten. Antifaschismus und Antimilitarismus bildeten zwei Seiten derselben Identität einer deutschen Protestgeneration, (...)" (Volmer 1998: 493).

Der Schutz von Leben und Freiheit stehen in der Argumentation Fischers als Grundwerte somit gegen den Grundwert der Gewaltfreiheit, wobei Letzterer nach dem Ende des Kalten Krieges nun öfter mit dieser Gegenüberstellung konfrontiert werde und zudem keine zeitgemäße Option mehr sei (vgl. Grünes Archiv 6: 10).

> „Die Gewaltfreiheit der (west)deutschen Friedensbewegung hat sich gegen die thermonukleare Massenvernichtungsdrohung, gegen die Logik der nuklearen Abschreckung entwickelt. Der Nuklearpazifismus ist die notwendige und richtige Antwort auf diese globale Vernichtungslogik gewesen. Wie verhält es sich aber mit den Schrecken des ethnischen Krieges?" (Grünes Archiv 6: 10)

Damit greift Fischer den oben behandelten starken Bezug des Grünen Mittelpazifismus auf den zeithistorischen Kontext auf, also die nukleare Bedrohung, die nach dem Ende des Kalten Krieges nicht mehr gegeben war, und begründet somit seinen in einer rhetorischen Frage gehaltenen Wunsch nach einer Modifizierung des Mittelpazifismus.

Nachdem Fischer dann noch einmal die von ihm schon eingangs als Möglichkeiten erachteten Alternativen wiederholt, spricht er sich für zwei dieser Handlungsoptionen aus. Demnach müssten entweder die UN-Schutzzonen militärisch geschützt oder es müsste dann mindestens die bosnische Armee mit Rüstungslieferungen versorgt werden, damit diese sich dann wenigstens selbst verteidigen könnten (vgl. Grünes Archiv 6: 10f.). Wie bereits erwähnt, verlässt Fischer damit, was er auch nicht bestreitet, den pazifistischen Rahmen der Bündnisgrünen, da erstgenannte Option gewaltintensive Kriegshandlungen impliziert und letztgenannte gewaltintensive Kriegshandlungen befördert und damit Frieden nicht mit friedlichen Mitteln gestiftet würde. Zudem handelt es sich bei diesen Forderungen, die auf keinen Ausnahmefall als Begründung verweisen, somit um Vorschläge für eine gängige politische Praxis.

Deswegen[25] erzeugte dieser offene Brief, wie oben schon angedeutet, einen massiven Widerhall sowohl auf Partei- als auch auf medialer Ebene.

So waren viele der diesbezüglichen Reaktionen von ParteikollegInnen sehr negativ, gerade weil Fischer am Pazifismusverständnis der Bündnisgrünen gerührt hatte. Kerstin Müller, zu diesem Zeitpunkt Sprecherin der Bundestagsfraktion, sprach sich Bezug nehmend auf Fischers Brief in der „taz" explizit gegen Gewalt als eine politische Option aus:

> „Wenn das die Voraussetzung ist für eine Regierungsbeteiligung, nein danke, dann ist das für die Bündnisgrünen verheerend. Wir haben gute Gründe für eine Außenpolitik der Selbstbeschränkung. Wir haben gute Gründe, weshalb wir auf eine nicht militärisch gestützte Außenpolitik setzen, (...). Nein, ich sehe das gänzlich anders als Fischer" (taz 17.8.1995: 10).

Der hier schon an anderer Stelle behandelte Ludger Volmer störte sich in drastischer Sprache an dem im Brief enthaltenen Vorwurf, dass dem Nichtmilitärischen generell der Vorwurf der Ineffektivität gemacht wird, und wirft Fischer Inkonsequenz vor:

> „Wer alles Nichtmilitärische als Nichtstun denunziert, der darf auch nicht bei rhetorischer Kraftmeierei stehen bleiben, der muß selber konsequent sein, zur Waffe greifen und nach Sarajevo eilen" (taz 12.8.1995: 10).

Diese von Fischer initiierte Auseinandersetzung um den Grünen Pazifismus intensivierte sich dann noch einmal, nachdem Fischer auf dem Bonner Perspektivenkongress der Grünen im Jahr 1995 seine im Brief erhobenen Forderungen bekräftigte und nun eine

---

25 Gewiss hatte dieser Widerhall auch etwas mit der Prominenz Fischers zu tun, da diese das Medium war, das seinen Thesen überhaupt erst Aufmerksamkeit verlieh.

Interventionspflicht der VN bei Völkermord verlangte, wobei er diese dahingehend einschränken wollte, dass friedliche Konfliktprävention unbedingten Vorrang genieße (vgl. Fischer 1995). Dies bedeutet, dass das schon im Brief vorgenommene Argumentieren von militärischem Schutz für Menschenleben auf den Aspekt des Völkermords hin konkretisiert wurde, wenn friedliche Mittel vermeintlich versagt haben. So verfassten daraufhin Kerstin Müller, Claudia Roth, Jürgen Trittin und Ludger Volmer, also allesamt Grüne ProtagonistInnen, eine Replik, die sich ebenfalls in ausführlicher und offener Form an alle Mitglieder von Bündnis 90/Die Grünen richtete und sich äußerst kritisch mit Fischers Überlegungen, sowohl denen des Briefes als auch der Rede, auseinandersetzte. Neben den schon in den Zeitungszitaten aufgeführten Aspekten kritisierten sie, dass Fischers Überlegungen des Militäreinsatzes wenig eingeschränkt seien und sich somit bei vermuteten Völkermorden gar eine Interventionspflicht des Militärs ergebe, wobei es analytisch kaum möglich wäre, einen Völkermord oder ethnische Säuberungen festzustellen, bevor sie stattgefunden haben, was notwendig wäre, um sie zu unterbinden (vgl. Müller 1995). Überdies berufen sie sich in ihrer Kritik auf die pazifistische Tradition der Grünen:

> „Wer, wenn nicht wir, Bündnis 90/Die Grünen, kann und muß denn eigentlich in der offiziellen Politik noch die antimilitaristische und pazifistische Denktradition aufrecht erhalten und in Handlungsoptionen umsetzen“ (Müller 1995).

Dieser Teil der Auseinandersetzung wurde ebenfalls erneut auch über die Presse geführt (vgl. Der Spiegel 1995: 27-29).

Fischer entfachte also über seinen Brief öffentlichkeitswirksam eine äußerst intensive Diskussion über den Grünen Mittelpazifismus, den er für nicht mehr zeitgemäß und in Fällen wie in Bosnien für nicht situationsgerecht hielt. Die deutsche Öffentlichkeit erhielt den Eindruck, dass Grüne nun ihre pazifistischen Überzeugen verändern bzw. aufgeben (vgl. taz 12.8.1995: 10), und der Parteidiskurs über Öffnungen hin zu militärischer Konfliktbearbeitung wurde hiermit intensiviert, da MittelpazifistInnen nun mehr und mehr unter Rechtfertigungszwang gerieten.

Darüber hinaus ist festzuhalten, dass Fischers Argumentationen zum Teil auf bestehende Beschlusslagen der Partei zurückgriffen, wie beispielsweise auf die Potsdamer BDK-Resolution, in denen ebenfalls der Schrecken des Krieges ausgemalt, ethnische Kriegsführung benannt und das Dritte Reich als Argumentationsgrundlage genutzt wird. Dieses Anknüpfen an bestehende Argumentationsstränge erleichterte sein Bestreben, das er somit wenigstens zum Teil auf legitimierten und damit akzeptierten Bahnen vortragen konnte.

4.7 Die Bundestagsfraktion im Dissens zur Partei

Nachdem für den Anfang des Grünen-Bestehens die pazifistische Programmatik betreffend große inhaltliche Übereinstimmungen zwischen Partei und Bundestagsfraktion festgestellt werden konnten, trifft dies für die Neunzigerjahre des letzten Jahrhunderts nicht mehr zu. Dies ist zum einen, wie oben bereits behandelt, durch die VertreterInnen von Bündnis 90 zu erklären, die, wie gezeigt, mehrheitlich keine VerfechterInnen eines Mittelpazifismus waren. Zum anderen ist dies durch den unten noch auszuführenden Einfluss der so genannten Realo-Strömung in der Bundestagsfraktion zu erklären, die in puncto intensivierter Gewaltanwendung bei Auslandseinsätzen, wie anhand ihres Protagonisten Joschka Fischer dargelegt, weitaus gewillter war, diese zu akzeptieren, als dies bei anderen Parteiströmungen der Fall war, da für eine anvisierte Regierungsbeteiligung im Bund die Bereitschaft zum Gewalteinsatz als notwendige Konzession betrachtet wurde (vgl. Geis/Ulrich 2002: 159f.).

Ein bedeutender Kristallisationspunkt der inhaltlichen Differenzen war ein Streit um die Frage, wie sich zu dem Friedensvertrag von Dayton, der den Frieden im ehemaligen Jugoslawien bzw. in Bosnien regelte, verhalten werden sollte (vgl. Volmer 1998: 517f.). So befasste sich die Partei auf ihrer BDK in Bremen im Dezember 1997, die einer diesbezüglichen Beschlussfassung im Bundestag vorausging, erneut mit Friedenspolitik, wobei sie in der Frage eines intensivierten Gewalteinsatzes als ein Mittel der Außenpolitik nicht so weit ging, wie dies beispielsweise bei der oben untersuchten Potsdamer Resolution der Fall war. Der Bremer Beschluss *Aktive Friedens- und Menschenrechtspolitik statt militärischer Kampfeinsätze für eine Zivilisierung der Außenpolitik* sprach sich zwar für Blauhelmeinsätze aus, die als Ergebnis eines Kompromisses zwischen MittelpazifistInnen und VertreterInnen des Linken Forums als Peacekeeping-Verbände umetikettiert wurden (vgl. Volmer 1998: 520), wobei deren Funktionsbeschreibungen denen von Blauhelm-Verbänden glichen und ein starker Bezug auf die VN hergestellt wurde (vgl. Grünes Archiv 5: 9–11). Jedoch wurde diesen Peacekeeping-Verbänden ein im Vergleich geringerer Gewalteinsatz gestattet: „5. Ausschluß von Gewaltanwendung, es sei denn zur individuellen Selbstverteidigung im äußersten Fall" (Grünes Archiv 5: 9). Volmer begründet diese Beschlussfassung mit der zu weitreichenden, Kompromissen nicht zugeneigten Position der Realos, die einen inhaltlichen Zusammenschluss von so genannten politischen PazifistInnen, womit hauptsächlich seine Strömung, das Linke Forum, gemeint ist, und den von ihm so genannten radikalen PazifistInnen nötig gemacht hätte. Dadurch sei der Antragsinhalt die Gewaltanwendung betreffend hinter das bereits Beschlossene zurückgefallen (vgl. Volmer 1998: 520f.). Auch wenn diese Erklärung nicht unplausibel erscheint, wird sie hier nicht als alleinige Erklärung betrachtet. So spielte ebenfalls eine große Rolle, dass die Verortungen hinsichtlich eines Mittelpazifismus nur wenige Jahre zuvor getroffen wurden und diesbezügliche Veränderungen vor dem Hintergrund eines ethnischen Krieges, befördert von der Realo-Strömung der Partei, betrachtet werden müssen. Somit ist ein gewisses Pendeln in der Gewaltfrage seitens der Mitglieder alles andere als ungewöhnlich.

Daran anknüpfend beschloss die Bremer BDK in dem Antrag *Ja zum Friedensschluss von Dayton – Nein zur Politik von Kohl, Kinkel und Rühe,* dass sie einerseits den Frieden von Dayton begrüßen, aber andererseits die militärische Konzeption, die die Nachfriedensregelung beinhaltete, der CDU/FDP-Regierung ablehnen. Denn diese sah beispielsweise keine nicht militärischen Peacekeeping-Verbände, sondern sogar den Einsatz von Kampfflugzeugen vor und bat deswegen die Bundestagsfraktion, der Regierungsvorlage nicht zuzustimmen (vgl. Grünes Archiv 5: 15).

Bei diesem Punkt wollte ein erheblicher Teil der Bundestagsfraktion dem Parteibeschluss nicht Folge leisten, so dass es letztlich zu zwei unterschiedlichen Beschlussfassungen bzw. Entschließungsanträgen zum Antrag der damaligen Bundesregierung *Beteiligung an der Umsetzung des Friedensvertrages für Bosnien-Herzegowina* innerhalb der Bundestagsfraktion kam. Beiden Beschlussfassungen war gemein, dass sie den Friedensschluss von Dayton begrüßten, ihn allerdings für instabil erachteten, dass sie sich gegen den Einsatz der deutschen Tornados aussprachen, dass sie die Schwächung der favorisierten VN und die Aufwertung der seit Langem in einem negativen Licht betrachteten NATO kritisierten und damit auch im gleichen Zug die Bundesregierung. Überdies legten beide Entschließungsanträge einen starken Akzent auf strukturelle Überlegungen, wie eine Stärkung der VN oder der OSZE, womit qua einer institutionellen Friedenskonzeption der Frieden gesichert werden sollte. Allerdings unterschieden sie sich fundamental in der Frage, in welcher Form deutsche Soldaten ein Mittel deutscher Außenpolitik sein sollten (vgl. Grünes Archiv 5: 22–28).

Einerseits sah der Entschließungsantrag von Gerd Poppe, Helmut Lippelt und anderen, die der Realo-Strömung zuzurechnen waren, einen deutschen Bundeswehreinsatz vor, wobei eine Restriktion hinsichtlich des Gewalteinsatzes vorgenommen wurde, indem Kampfeinsätze des Bundeswehrkontingents nicht erlaubt wurden. Die Absage an Kampfeinsätze ist durch fehlende Präzisierungen allerdings so zu verstehen, dass damit eine aktive gewaltanwendende Rolle der Bundeswehr untersagt bleibt, Verteidigung von Schutzbefohlenen und Selbstverteidigung hiermit aber nicht verwehrt wird. Erklärend wurde angeführt, dass trotz aller Kritik sich die BRD dem Aufbau und der Friedenssicherung nicht entziehen dürfte (vgl. Grünes Archiv 5: 22–25). Hiermit bewegte sich der Entschließungsantrag, was den Gewalteinsatz betraf, innerhalb der Resolution von Potsdam, auch wenn die NATO nicht die gewünschte übergeordnete Instanz war, da das Bundeswehrkontingent seinem im Antrag skizzierten Auftrag bzw. der Einschränkung nach mit dem von Blauhelm-Verbänden zu vergleichen war. Allerdings entsprach der Entschließungsantrag Poppes nicht dem Wahlprogramm von 1994, das zollpolizeiliche Einheiten gefordert hatte, und erst recht nicht der Beschlusslage der kürzlich vorausgegangenen BDK in Bremen, die äußerst defensive Peacekeeping-Verbände gefordert hatte.

Andererseits sah der Entschließungsantrag von Ludger Volmer, Kerstin Müller, Angelika Beer und anderen vor, dass kein Bundeswehrkontingent zur Überwachung des Friedensvertrags in das ehemalige Jugoslawien entsendet wird. Stattdessen wurde die Bundesregierung aufgefordert, leichtbewaffnete Peacekeeping-Einheiten, der auch zivile Fachkräfte angehören sollten, für friedenserhaltende Maßnahmen zu schaffen, über die ohne Einbindung der Bundeswehr oder der NATO entweder die VN oder die OSZE direkt verfügen sollten. Damit wurde sich gleichzeitig verklausuliert gegen den aktuell anstehenden Bundeswehr-Einsatz ausgesprochen (vgl. Volmer 1998: 522). Als Hauptgrund gegen einen Einsatz der Bundeswehr wird bekundet, dass der Rahmen des Militärbündnisses der NATO eine bestimmte, zu gewaltintensive militärische Strategie vorgebe (vgl. Grünes Archiv 5: 26–28). Somit war der Antrag von Volmer, Müller und Beer sowohl durch die Potsdamer Resolution abgedeckt als auch durch den Bremer BDK-Beschluss, da diese einen defensiv orientierten und leicht bewaffneten Militäreinsatz erlaubten, wenn auch der Bremer Beschluss bezüglich der Gewaltfrage noch etwas restriktiver ausfiel. Somit ging dieser Entschließungsantrag lediglich über die Aussagen des Wahlprogramms von 1994 hinaus.

Als es nun in der Fraktion zur Abstimmung zwischen beiden Entschließungsanträgen kam, obsiegte der mit höheren Gewaltimplikationen versehene und gegen die Beschlusslage der Bremer BDK verstoßende Antrag von Poppe mit 27 zu 16 Stimmen. Damit positionierte sich die Fraktion mehrheitlich anders als die Partei, auch wenn im Nachhinein auf ein Einbringen dieses Antrags verzichtet wurde. Der Streit innerhalb der Fraktion eskalierte überdies noch dahingehend, dass sich um die Verteilung der Redezeit im Parlament gestritten wurde, da die VerliererInnen der Entschließungsabstimmung die Meinung vertraten, dass ihnen aufgrund der Parteimehrheit im Rücken hierbei keine Unterprivilegierung zuteilwerden dürfte. In der Konsequenz verließen Volmer und andere Grüne MdBs bei Grünen Debattenbeiträgen den Saal (vgl. Volmer 1998: 522), was einen äußerst ungewöhnlichen Vorgang darstellte, da FraktionskollegInnen sich für gewöhnlich bei Parlamentsdebatten solidarisch verhalten.

Die Abstimmung über die Regierungsvorlage machte dann den Grünen Dissens sowohl innerhalb der Fraktion als auch mit der Partei deutlich, da 22 Grüne für[26], 22 gegen die Regierungsvorlage stimmten und fünf sich enthielten (vgl. Grünes Archiv 5: 42).

Dieser innerparteiliche und innerfraktionelle Disput um die Frage, ob und zu welchen Bedingungen Gewalt ein legitimes Mittel sein kann, wurde sogar offen in der betreffenden Bundestagsdebatte thematisiert, wie der Redebeitrag des Fraktionsvorsitzenden Fischer zeigt:

> „Die Frage, die heute zur Entscheidung ansteht - Beteiligt sich die Bundesrepublik Deutschland an der Umsetzung des Friedensvertrags von Dayton mit Einheiten der Bundeswehr? –, ist für meine Partei, für meine Fraktion eine Frage, die wir in aller Öffentlichkeit diskutiert haben, die uns zu zerreißen droht. Warum? Wir entstammen der Friedensbewegung. Wir sind eine gewaltfreie Partei. Diese Wurzeln teilen wir gemeinsam." (Bundestag 6.12.1995).

Überdies erklärte er, dass die Mehrheit der Partei einen militärischen Beitrag der BRD ablehnt, und begründete das der Partei entgegengesetzte Parlamentshandeln für die mit ihm Abstimmenden mit Argumentationsmustern, die starke Ähnlichkeiten zu seinem

---

26 Die im ersten Kapitel zu den Anfängen der Grünen-Zeit zitierte Marieluise Beck, deren Redebeitrag im mittelpazifistischen Spektrum verortet werden kann, votierte für die Regierungsvorlage und damit gegen ihre einstmalige Verortung (vgl. Grünes Archiv 5: 42).

Brief an die Partei aufwiesen, wie der im Brief verwendete Faschismus-Bezug oder der dort angesprochene Grundwertekonflikt.

> „Der Krieg in Bosnien hat uns in einen Grundwertekonflikt geführt. Ursache war ein blutiger Nationalismus, ja ein neuer Faschismus, der dort im Entstehen ist. Die Niederlage des multiethnischen Bosnien betrifft uns alle. Ein Stück weit gelebte europäische Realität ist dort von einem blutigen Nationalismus und neuem Faschismus - durch ethnische Säuberungen, durch Massenvergewaltigungen, durch Massenmord - in die nationalistische Realität der ethnischen Separierung, der Trennung, umgesetzt worden" (Bundestag 6.12.1995).

Angelika Beer, zu diesem Zeitpunkt verteidigungspolitische Sprecherin der Fraktion, argumentierte hingegen auf der Linie ihres Entschließungsantrags bzw. auf der Linie des Bremer BDK-Beschlusses, wonach ein wie von der Bundesregierung geplanter weit gefasster Gewalteinsatz abgelehnt wurde.

> „Es ist uns wichtig darauf hinzuweisen, daß der Bundestag heute nicht über Dayton abgestimmt hat. Wir haben vielmehr über eine Kabinettsvorlage über eine freiwillige Beteiligung der Bundeswehr an einem Kampfeinsatz nach Kapitel VII der UN-Charta abgestimmt. (...) Wir halten aber insbesondere fest: Der Inhalt der Beschlussvorlage zeigt deutlich, daß es der Bundesregierung nicht um eine Zustimmung im Deutschen Bundestag zu friedensbewahrenden und humanitären Hilfsmaßnahmen in Bosnien geht" (Bundestag 6.12.1995).

Einem Kampfeinsatz, der nach Kapitel VII der VN-Charta also friedensschaffend strukturiert war, konnte demnach nicht zugestimmt werden, da, wie dargelegt, durch die Bremer BDK nur einem friedensbewahrenden Einsatz nach Kapitel VI[27] das Plazet gegeben worden wäre.

Die innerparteiliche pazifistische Auseinandersetzung um die Frage, welche Art von Pazifismus weiter verfolgt wird, konnte also auch in der Bündnisgrünen Bundestagsfraktion eindrücklich beobachtet werden. Allerdings waren in der Bundestagsfraktion gegenüber der Partei diejenigen in der Mehrheit, die einen erhöhten Gewalteinsatz als ein Mittel der Außenpolitik und als ein notwendiges Mittel er-

---

27 Die Trennung der Aufgaben von Friedenserhaltung und Friedensschaffung durch die VN-Charta sorgt innerhalb des wissenschaftlichen Diskurses für Kritik, da eine solche in der Praxis definitorisch schwierig vorzunehmen sei (vgl. Lüder 2004: 15–18).

achteten. Damit kann für die Bundestagsfraktion nach dem eigentlich mehrheitlichen Votum für die Regierungsvorlage, denn diejenigen, die mit Enthaltung votiert hatten, erklärten, dies nicht wegen ihrer inhaltlichen Überzeugung getan zu haben, sondern wegen des Bremer BDK-Beschlusses (vgl. Grünes Archiv 5: 29), festgestellt werden, dass sie mehrheitlich vom Mittelpazifismus abgekommen waren. Denn sie erachteten den Einsatz von Militär bzw. von Gewalt, wenn auch in eingeschränkter Form, nun als ein mögliches Mittel der Außenpolitik. Überdies ist eine Verschiebung hin zu einem Zweckpazifismus zu beobachten, da nun der Bedeutung einer Friedenskonzeption größere Bedeutung eingeräumt und beispielsweise den VN mit Erlaubnis von Einsätzen nach Kapitel VII der VN-Charta auch mehr Handlungskompetenz zugebilligt wurde.

4.8 Zusammenfassung

Innerhalb des hier untersuchten Abschnitts begann sich Grüne bzw. Bündnisgrüne pazifistische Programmatik langsam und sukzessive weg vom Mittelpazifismus hin zu einem Zweckpazifismus zu verschieben. Dies geschah vor dem Hintergrund des Endes der bipolaren Weltordnung und vor dem erstmaligen Entfachen eines ethnischen Krieges nach dem Zweiten Weltkrieg in Europa.

Die pazifistische Programmatik änderte sich allerdings nicht so schnell, wie dies beim politischen Bezugsrahmen der Fall war. So wurden erste Positionsverschiebungen weg vom Mittelpazifismus äußerst vorsichtig bzw. in einschränkender Weise getätigt, was hauptsächlich dadurch erklärt werden kann, dass der Mittelpazifismus bzw. die postulierte Gewaltfreiheit zur Parteiidentität gehörte und deswegen diesbezügliche Veränderungen keine gewöhnlichen programmatischen Verschiebungen waren. Darüber hinaus ist festzuhalten, dass aufgrund des Endes der Bipolarität Aspekte eines negativen Friedens über den untersuchten Zeitraum hinweg eine geringere Rolle spielten, wohingegen Elemente eines positiven Friedens, vor allem in Bezug auf die VN, aufgewertet wurden.

Je stärker der Krieg im ehemaligen Jugoslawien eskalierte, desto mehr veränderte sich das Grüne Pazifismusverständnis, wobei die kriegerische Entwicklung von der Realo-Strömung bzw. von deren Protagonisten Joschka Fischer benutzt wurde, um Positionsverschiebungen in ihrem Sinne, also hin zu Militäreinsätzen, als ein Instrument der Außenpolitik zu erreichen.

Die Entfernung vom Mittelpazifismus des vorangegangenen Jahrzehnts war allerdings keine graduelle Entwicklung, wie der Bremer

BDK-Beschluss belegt. Demnach wurde hier, was den Gewalteinsatz betraf, ein programmatischer Schritt hinter den Potsdamer BDK-Beschluss gemacht. Dies hinderte die Bundestagsfraktion, bei der der Einfluss von Realo-Positionen stärker war als in der Partei, aber nicht daran, noch über die Beschlusslage von Potsdam, die in puncto Gewalteinsatz am bislang weitgehendsten war, hinauszugehen und zu einem bedeutenden Teil den Militäreinsatz der Bundeswehr in Bosnien nach Kapitel VII der VN-Charta zu unterstützen, der den Charakter eines Blauhelm-Einsatzes übertraf. Damit ist für diesen Zeitabschnitt ein Dissens zur Partei festzustellen.

Die Verschiebungen hin zu einem intensivierten Gewalteinsatz qua militärischem Auslandseinsatz als auch die sowohl von Partei und Fraktion vorgenommenen Verortungen hinsichtlich eines positiven Friedens mit den VN als zentraler Akteurin lassen eine Verschiebung hin zum Zweckpazifismus erkennen. Denn es spielen nunmehr Aspekte einer Friedenskonzeption verstärkt eine Rolle. Als Mittel wird Gewalt nun akzeptiert, wenn diese auf den Frieden ausgerichtet ist. Gleichwohl ist der Gewalteinsatz für eine VN-Friedensordnung eingeschränkt, da die Bündnisgrünen dieses Zeitabschnitts lediglich bereit waren, VN-Missionen nach Kapitel VI mitzutragen.

5 Pazifismus angesichts eines Krieges?

In dem Kapitel zum letzten Zeitabschnitt wird als Erstes ein analytischer Blick auf das Wahlprogramm von 1998 und im Anschluss auf den rot-grünen Koalitionsvertrag geworfen. Es wird der Frage nachgegangen, ob diese als Grundlagen für einen Kriegseinsatz dienen können bzw. ob und wenn ja welche pazifistischen Merkmale dort beobachtet werden können. Danach wird sich dem Beschluss des Bundestags, der die parlamentarische Grundlage des späteren Krieges bilden sollte, und der diesbezüglichen Debatte zugewendet, um zu untersuchen, mit welchen Begründungen sich Bündnisgrüne in welcher Form hierbei verhielten. Daran anknüpfend wird die Sonder-Bundesdelegiertenkonferenz in Bielefeld untersucht, da diese aus Kritik an dem Kriegseinsatz veranstaltet wurde. Zudem wurde auf dieser Sonder-BDK eine zukunftsweisende Entscheidung über den Grünen Pazifismus getroffen. Eine weitere wichtige Quelle über die pazifistische Verortung der Grünen ist das immer noch gültige Grundsatzprogramm von 2002, das zum einen ein weiteres Zeugnis für die Zeit nach der pazifistischen Zäsur der Grünen bildet, zum anderen durch seine bestehende Gültigkeit auch Aussagen über die gegenwärtige Einstellung beinhaltet. Zuletzt werden Debatten in den Fokus gerückt, die als Reaktion auf die Bündnisgrünen pazifistischen Wandlungen dieses Zeitabschnitts zu verstehen sind.

5.1 Der NATO-Krieg im Kosovo nach Grünem Regierungsantritt

Der Konflikt im Kosovo, ein ehemals mit Autonomiestatus versehenes Gebiet im ehemaligen Jugoslawien, blieb für die Mehrheit westlicher Öffentlichkeiten bis zu seiner kriegerischen Eskalation meist unterhalb der Wahrnehmungsschwelle. Zum einen hatte dies mit dem Krieg im ehemaligen Jugoslawien bzw. in Bosnien-Herzegowina zu tun, der, wie beschrieben, große Aufmerksamkeit auf sich zog. Der diesbezügliche Friedensschluss von Dayton hatte keine Lösung in der seit Ende der Achtzigerjahre des letzten Jahrhunderts schwelenden Kosovo-Auseinandersetzung erbracht. So waren die jeweiligen Fronten sehr verhärtet, da einerseits aus serbischer Sicht das Gebiet des Kosovo Ort des Gründungsmythos der so genannten serbischen Nation ist und andererseits die kosovarischen Widerstandsbemühungen im Laufe des Konflikts mehr und mehr auf eine Unabhängigkeit von Serbien abzielten (vgl. Friedrich 2005: 21f.).

Zum anderen erklärt sich dies durch den Verlauf des Konflikts, da zunächst die Mitglieder der kosovarischen Widerstandsbewegung auf gewaltfreien Widerstand setzten. Nachdem die Forderungen auf Wiedererlangung der Autonomierechte von Serbien nicht erfüllt wurden, änderte sich die Wahl der Mittel Mitte des letzten Jahrzehnts des vergangenen Jahrhunderts um in eine kriegerische und damit in eine Form, die von der internationalen Öffentlichkeit mit mehr Aufmerksamkeit bedacht wurde (vgl. Friedrich 2005: 23f.).

Die Eskalation von Gewalt und Gegengewalt erlangte aufgrund des neuen Konfliktmodus schließlich große Aufmerksamkeit sowohl auf Seiten meist europäischer Regierungen und bei den VN als auch auf Seiten der Medien, die sich mit dem Konflikt gerade auch in der BRD intensiv auseinandersetzten (vgl. Joetze 2001: 46–50). Hierbei spielte der vorangegangene Krieg im ehemaligen Jugoslawien eine große Rolle, da ein zweiter Konflikt mit ethnischer Kriegsführung auf europäischem Boden, auch unter Einbeziehung militärischer Gewalt ohne VN-Plazet, von Seiten vieler europäischer Regierungen nicht geduldet werden sollte (vgl. Joetze 2001: 32). Die Erfahrungen bzw. Wahrnehmungsmuster aus dem bosnischen Krieg spielten auch gerade für den Grünen Diskurs eine wichtige Rolle, beispielsweise was die Gegenüberstellung der beiden oben behandelten Grünen Credos von *Nie wieder Auschwitz* und *Nie wieder Krieg* anbetraf (vgl. Fischer 2007: 127).

> „Der größte Missionseifer scheint ausgerechnet viele in der Partei der Grünen anzutreiben, die doch der Friedensbewegung einiges verdankt. Seit den heftigen Auseinandersetzungen um die SFOR-Einsätze in Bosnien hat sich in der Partei die neue Parole weitgehend durchgesetzt, (…) ‚Nie wieder Auschwitz'" (Stephan 1999: 272).

Für die Grünen, die 1998 erstmals in einer Koalition mit der SPD in die Bundesregierung kamen, stellte diese Situation gleich zu Beginn eine enorme Belastung ihres pazifistischen Verständnisses dar, die für viele BeobachterInnen trotz der Grünen Positionsverschiebungen einer Zäsur gleichkam (vgl. Schmid 1999: 22). Was noch 10 Jahre zuvor für undenkbar gehalten wurde, schien nunmehr für einige KritikerInnen Gestalt anzunehmen: die Wandlung der Grünen von einer pazifistischen in eine bellizistische Partei.

5.2 Das Wahlprogramm von 1998

Das Wahlprogramm bildete für eine solche Kritik allerdings keine Grundlage. Denn eine Abkehr von pazifistischen Verortungen gar hin ins Bellizistische kann diesen beiden Dokumenten nicht attestiert werden.

Im Wahlprogramm von 1998 wurden neben neuen Akzentsetzungen, wie zum Thema Globalisierung bzw. zu deren auch negativen Auswirkungen, die den Grünen zufolge nach dem Galtungschen Gewaltverständnis als friedensbedrohend einzuschätzen sind (vgl. Die Grünen 1998: 131f.), viele pazifistische Verortungen getätigt, die schon in vorherigen Programmen und Beschlüssen anzutreffen waren[28], auch wenn nun bei manchen Aspekten ein potenziell höherer Gewalteinsatz festzustellen war. Dies lässt sich an den vier postulierten Leitbildern Grüner Außen- und Friedenspolitik festmachen:

Erstens das Verständnis der universalen Gültigkeit der Menschenrechte, wofür die VN die zentrale Garantie-Instanz sein sollten, weswegen die VN einer Stärkung bedürften, die über eine Reform vollzogen werden sollte. Neben diesen bekannten Positionierungen wurde auch hier bezüglich der Durchsetzung von Menschenrechten eine Einschränkung des Gewalteinsatzes bestimmt, wonach eine nicht militärische Konfliktschlichtung in der VN-Charta festzuschreiben sei (vgl. Die Grünen 1998: 132f.). Hervorzuheben ist, dass die Bündnisgrünen sich für eigenständige durch Kapitel VI mandatierte VN-Einheiten einsetzen, wobei der pazifistische bzw. gewalteinschränkende Charakter dessen im Anschluss noch einmal ausdrücklich bekräftigt werden soll (vgl. Die Grünen 1998: 133): „Militärische Friedenserzwingung und Kampfeinsätze lehnen wir ab" (Die Grünen 1998: 133). Gleichwohl ist hier im Vergleich zum vorherigen Wahlprogramm die Bereitschaft zu einem intensivierteren Gewalteinsatz zu beobachten, da die *zollpolizeilichen Einheiten* von 1994 lediglich Blockaden überwachen sollten, während VN-Einheiten nach Kapitel VI ein breiteres Funktionsspektrum ausfüllen und damit im Falle eines Einsatzes ein Mehr an Handlungen stattfände, was, Bezug nehmend auf den Theorieteil, ein Mehr an Gewalthandlungen bedeutete, da jedes Handeln gewaltverstrickt ist.

Zweitens treten die Grünen für eine stärkere Einbindung der BRD in eine demokratischere, was beispielsweise die Aufwertung des EU-Parlaments oder das Eintreten für Subsidiarität angeht, EU ein. Mit

28 Diese werden deswegen nicht ausführlich untersucht.

diesem Punkt wird der sich auf die nationalsozialistische Vergangenheit beziehende Aspekt der Selbstbeschränkung Deutschlands thematisiert. Die Außenpolitiken der Mitgliedsländer sollen stärker harmonisiert werden, wobei dies nur für nicht militärische Belange angedacht ist (vgl. Die Grünen 1998: 135–137). „Bündnis 90/Die Grünen wollen eine EU, in der (...) Konfliktprävention Vorrang hat und militärischen Interventionen eine Absage erteilt wird" (Die Grünen 1998: 136). Somit wird hier im Sinne eines Mittelpazifismus gewaltintensiven Mitteln eine Absage erteilt.

Drittens lassen sich auch hier die Bezüge der Grünen zu Nord-Süd-Belangen in der Perspektive eines weit gefassten Friedensverständnisses ausführlich nachvollziehen. Menschenwürdige Lebensbedingungen sowie der Schutz und die Bewahrung der natürlichen Lebensgrundlagen sind demnach die Ziele, die ein Leben ohne Einschränkung der jeweiligen Entwicklungsmöglichkeiten garantieren sollen. Die geforderten Maßnahmen reichen von dem Einfordern von Entwicklungspolitik als Querschnittsaufgabe auf nationalstaatlicher Ebene bis zur Welthandelsorganisation WHO, die ökologische und soziale Standards für den weltweiten Handel implementieren soll, auf internationaler Ebene (vgl. Die Grünen 1998: 148–152).

Viertens sprechen sich die Bündnisgrünen für eine Entmilitarisierung und Zivilisierung der internationalen bzw. der deutschen Politik aus. „Die Bundesrepublik muß ihre neu gewonnene Souveränität friedenspolitisch nutzen" (Die Grünen 1998: 140). Demzufolge wurde sich auch hier für einen Austritt aus bzw. eine Ablösung[29] der NATO als friedensgefährdender Organisation ausgesprochen, wobei, Bezug nehmend auf etwaige Sorgen des Auslands vor deutschen Sonderwegen (vgl. Volmer 1998: 559f.), dies nicht unilateral geschehen sollte. Der NATO wurden nach wie vor ihre militärischen Lösungsansätze vorgeworfen (vgl. Die Grünen 1998: 139–142). Überdies enthielt auch dieser Programmteil viele bekannte Abrüstungs-Forderungen, wie den Verzicht auf Atomwaffen oder den deutschen Ausstieg aus der Rüstungsproduktion, die auf einen negativen Frieden abzielen (vgl. Die Grünen 1998: 143f.). Bezüglich des Einsatzes von Gewalt als ein Mittel der Außenpolitik orientierte sich das Wahlprogramm sehr stark an dem Bremer BDK-Beschluss, da Bundeswehr-Einheiten in Peace-keeping-Verbände modifiziert werden sollten, die auf Grundlage des Kapitels VI der VN-Charta

---

[29] Die Ablösung sollte durch eine Stärkung der KSZE und der VN erfolgen (vgl. Die Grünen 1998: 140f.).

der direkten Verfügungsgewalt der VN und der KSZE, was ein neuer Aspekt war, unterstellt werden sollten. Dem militärischen Gewalteinsatz wurde in Form der KSZE der Aufbau einer Infrastruktur für zivile Konfliktverarbeitung entgegengestellt, die beispielsweise über die Stärkung zivilgesellschaftlicher Strukturen einen Beitrag zu einem positiven Frieden leisten sollte (vgl. Die Grünen 1998: 146f.).

Diese Absage an Gewalt als ein Mittel der Außenpolitik – „Bündnis 90/Die Grünen tragen militärische Friedenserzwingung und Kampfeinsätze nicht mit“ (Die Grünen 1998: 46) – war allerdings nicht ohne eine innerparteiliche Auseinandersetzung vonstatten gegangen. So sah die ursprüngliche Vorlage vor, dass friedensschaffende Maßnahmen untersagt wurden, der SFOR-Einsatz der Bundeswehr im ehemaligen Jugoslawien, der von gewichtigen Teilen der Bundestagsfraktion getragen wurde, hingegen gebilligt wurde. Dies stellte einen Widerspruch dar, da der SFOR-Einsatz nach Kapitel VII der VN-Charta mandatiert war. Dieser lässt sich auf einen vorab gefassten Kompromiss zwischen den Parteiflügeln zurückführen, wonach dem der Realo-Strömung wichtigen SFOR-Einsatz ein Plazet erteilt wurde. Pazifismustheoretisch betrachtet ist dieser Widerspruch auch ein Abbild der pazifistischen Verschiebungen der Bündnisgrünen, da diese noch überwiegend in einem Mittelpazifismus verhaftet waren, wobei sie sich aber, wie gezeigt, schon mit manchen Beschlüssen hiervon entfernt hatten. Dieser Kompromiss wurde aber von den Delegierten mit einer Stimme Mehrheit verworfen. Die denkbar knappe Abstimmung kann als ein Beleg für die in Bewegung geratene Positionierung hinsichtlich des Gewalteinsatzes gewertet werden, da fast die Hälfte der Delegierten einen Militäreinsatz nach Kapitel VII der VN-Charta die Zustimmung erteilt hatte.

Das Wahlprogramm kann also für ein eventuelles Revirement hin zum Bellizismus nicht in Anspruch genommen werden, da zwar Verschiebungen hinsichtlich eines erhöhten Gewalteinsatzes existieren, allerdings reichen diese bei Weitem nicht aus, um eine Abkehr von pazifistischem Gedankengut diagnostizieren zu können. Trotz Konzeptionen, die sich die Errichtung einer Friedensordnung zum Ziel gesetzt haben und wodurch somit ausgeprägtere Bezüge zum Zweckpazifismus erkennbar sind, handelt es sich beim Wahlprogramm von 1998 noch um einen Mittelpazifismus, da hier die Negation des Gewalteinsatzes im Mittel überwiegt.

5.3 Der rot-grüne Koalitionsvertrag

Das Gleiche gilt für den rot-grünen Koalitionsvertrag, dem das Credo „Deutsche Außenpolitik ist Friedenspolitik“ (Die Grünen 1998: 43) vorangestellt wurde. Viele der im vorangegangenen Punkt benannten pazifistischen Aspekte der Grünen ließen sich auch in dem Dokument finden, das formal betrachtet die zentrale Grundlage für die Regierungspolitik dieser Legislatur darstellen sollte:

Demnach wurden eine stärkere Einbindung der BRD in die EU sowie eine Demokratisierung dieser Institution vereinbart (vgl. Die Grünen 1998: 43f.). Die Außenpolitiken der EU-Mitgliedsländer sollten harmonisiert werden, wobei dies nicht einer militärischen Ausrichtung zugutekommen sollte (vgl. Die Grünen 1998: 45). „Die GASP soll in ihrer weiteren Entwicklung verstärkt dazu genutzt werden, die Fähigkeit der EU zur zivilen Konfliktprävention und friedlichen Konfliktregelung zu steigern“ (Die Grünen 1998: 45). Die KSZE sollte beispielsweise als Gestalterin eines positiven Friedens über eine rechtliche Stärkung eine deutliche Aufwertung erfahren, indem sie in ihrem Geltungsbereich für friedliche Streitbeilegung als verantwortliche Instanz benannt wurde. Nicht militärische internationale Polizeieinsätze sollten als Instrument entwickelt werden und die Bundesregierung sollte Ausbildungsmöglichkeiten für Peacekeeping schaffen (vgl. Die Grünen 1998: 46). Auch den negativen Frieden betreffend werden Grüne pazifistische Verortungen getätigt, wonach in unterschiedlichen Bereichen Abrüstung forciert werden soll (vgl. Die Grünen 1998: 46). Des Weiteren werden die VN im Sinne der Stiftung eines positiven Friedens zu der zentralen internationalen Konfliktlösungsinstanz erklärt, weswegen sie eine Stärkung in finanzieller und politischer Hinsicht erfahren sollten. Daran anknüpfend werden die Erklärung der Menschenrechte und Menschenrechtsverträge zu Leitlinien der internationalen Politik der Bundesregierung erklärt (vgl. Die Grünen 1998: 46f.). Auch der von den Grünen seit Bestehen forcierte Themenbereich der Nord-Süd-Politik bzw. eines gerechten Interessenausgleiches, der eine Antwort auf die Ursachen von struktureller Gewalt geben sollte, fand sich im rot-grünen Koalitionsvertrag (vgl. Die Grünen 1998: 48f.).

Lediglich bei dem pazifistisch relevanten Punkt der Ablösung des Militärbündnisses NATO existierte eine starke Diskrepanz zu Grüner Programmatik. „Die neue Bundesregierung betrachtet das Atlantische Bündnis als unverzichtbares Instrument für die Stabilität und Sicherheit Europas sowie für den Aufbau einer dauerhaften europäischen Friedensordnung“ (Die Grünen 1998: 45). Diese fehlende Kompatibilität mit dem pazifistischen Verständnis der Grünen muss als ein koalitionäres Zugeständnis an den weitaus größeren Koalitionspartner SPD gesehen werden, der die NATO als eine wichtige internationale Institution betrachtete (vgl. Sedlmayer 2008: 122).

Trotz des letztgenannten Aspekts stellte der rot-grüne Koalitionsvertrag keine Grundlage für einen Kriegseinsatz dar. Vielmehr lassen sich dort mehrere Grüne pazifistische Punkte wiederfinden, die von einem negativen Frieden zu einem positiven Frieden reichen.

5.4 Die Bundestagsfraktion fasst einen Vorrats-Kriegsbeschluss

Nachdem der Konflikt im Kosovo von einem Partisanenkampf zu einem Krieg mit großflächigen Kriegshandlungen eskaliert war, der zum Tod von ZivilistInnen und im August 2008 zur Vertreibung von über 200.000 Menschen geführt hatte, wurde diese Auseinandersetzung zu einem priorisierten Thema der VN und der NATO. Die VN jedoch waren aufgrund von Meinungsunterschieden innerhalb der ständigen Mitglieder des VN-Sicherheitsrats nur eingeschränkt handlungsfähig, so dass die amerikanische Regierung und europäische Regierungen den kriegerischen Konflikt mittels der NATO behandelten (vgl. Friedrich 2005: 35–45). KritikerInnen des Kosovo-Kriegs sehen als Hauptgrund für diesen Krieg, dass hier ein Präzedenzfall für die NATO als eine Art Weltpolizei geschaffen werden sollte, die unter Umgehung der VN und des Völkerrechts Interessen der NATO-Mitgliedsländer durchsetzen sollte (vgl. Noctiummes/Page 1999: 36f.). Aber auch das Auswärtige Amt kam zu dem Schluss, dass über den Kosovo-Konflikt ein globales Interventionsrecht der NATO ohne Beteiligung des Sicherheitsrats geschaffen werden sollte (vgl. Friedrich 2005: 48).

Diese Einigung beinhaltete unter anderem die Einhaltung der VN-Resolution 1199, eine 2000 Personen starke Beobachtermission der KSZE und eine NATO-Luftüberwachung des Kosovo (vgl. Friedrich 2005: 54).

Die Eskalation der Geschehnisse im Kosovo und eine diesbezügliche Beschlussfassung im Bundestag fanden nun zu einem Zeitpunkt statt, an dem die CDU/FDP-Koalition durch die Bundestagswahl im September 1998 ihre Mehrheit an SPD/Bündnis 90/Die Grünen verloren hatte, aber der neue Bundestag sich noch nicht konstituiert hatte, die neue Bundesregierung also noch nicht im Amt war. So beriet der Bundestag in seiner Sitzung vom 16.10.1998 über einen erstmaligen militärischen Auslands-Kampfeinsatz der Bundesrepublik Deutschland im Rahmen der NATO bzw. über die Drohung eines Einsatzes zu einer Zeit, in der die rot-grünen Koalitionsverhandlungen noch nicht abgeschlossen waren und das neue Bündnis durch diesen Beschluss Gefährdungen ausgesetzt wurde, da die Gewaltfreiheit als Bestandteil der Grünen-Identität gefährdet schien. Bei dem Weg zu diesem Beschluss hatte die noch amtierende Bundesregierung die potenzielle Nachfolgeregierung in die Entscheidung eingebunden, wobei Joschka Fischer mit einer ohne Absprache getroffenen Zustimmung in einer informellen Runde der alten und prospektiv neuen Regierung für die Bündnisgrünen die Entscheidung vorprägte (vgl. Fischer 2007: 101–107). Diese Entscheidung sorgte allerdings für Unmut innerhalb der Grünen Bundestagsfraktion. Dieser wäre noch ausgeprägter gewesen, wäre dem anstehenden Beschluss vor der entscheidenden Abstimmung nicht noch vermeintlich die Brisanz genommen worden, da eine Gewaltandrohung der NATO, über die es für die Maßnahmen der BRD abzustimmen galt, eine konfliktentschärfende Einigung[30] mit Serbien erwirkt hatte (vgl. Fischer 2007: 108). Nichtsdestoweniger beinhaltete der Beschluss einen Kampfeinsatz der Bundeswehr bzw. einen Einsatz von Kampfflugzeugen, um hier den gewaltintensivsten Aspekt hervorzuheben, der zudem im Rahmen des eigentlich abzulösenden Militärbündnisses NATO und unter Umgehung der von den Grünen präferierten Konfliktlösungsinstanz VN vorgenommen werden sollte (vgl. Bundestag 16.10. 1998 a). Zudem bedeutete auch schon die Androhung von militärischen Kampfhandlungen einen Einsatz von Gewalt, der die Entscheidung der serbischen Regierung maßgeblich beeinflusste und somit auf ihr Handeln einwirkte.

Dieser Beschluss war also alles andere als deckungsgleich mit bisheriger Grüner pazifistischer Programmatik, so dass nicht der Realo-Strömung zugehörige Abgeordnete sich entweder enthalten oder dagegen stimmen wollten, weswegen die Abstimmung aufgrund der fehlenden Fraktionseinigkeit freigegeben wurde (Fischer 2007: 109).

Somit versuchte Fischer in seiner Rede als Fraktionsvorsitzender die Bedenken, dass es zu einem Kriegseinsatz kommen könnte, zu zerstreuen:

---

30 Diese Einigung beinhaltete unter anderem die Einhaltung der VN-Resolution 1199, eine 2000 Personen starke BeobachterInnenmission der KSZE und eine NATO-Luftüberwachung des Kosovo (vgl. Friedrich 2005: 54)

> „Wir entscheiden heute über die Beteiligung der Bundeswehr an einem Militäreinsatz der NATO, von dem wir alle hoffen und heute Gott sei Dank begründet hoffen können, daß er niemals stattfinden muß und niemals stattfinden wird" (Bundestag 16.10.1998 b).

Überdies ging er auf den als problematisch erwähnten Aspekt der NATO-Selbstmandatierung ein.

> „Für uns ist es wichtig (...), daß es keine Selbstmandatierung der NATO in dieser Frage gibt. Ich möchte ausdrücklich noch einmal darauf hinweisen, Herr Bundesaußenminister, daß ihre heutige Erklärung, es handle sich um eine Notfallsituation, um eine Ausnahmesituation, nicht um einen Präzedenzfall, für uns ebenfalls von großer Bedeutung ist" (Bundestag 16.10.1998 b).

Des Weiteren hob Fischer auf eine humanitäre Katastrophe ab, die es zu verhindern gelte (vgl. Bundestag 16.10.1998 b), und bezog sich, wie er dies schon in der Bosnien-Debatte getan hatte, indirekt auf die nationalsozialistische Vergangenheit Deutschlands. „Wenn wir die Lehren aus unserer Geschichte und aus der blutigen ersten Hälfte des 20. Jahrhunderts gelernt haben, dann darf es in Europa keine Kriegstreiberei mehr geben" (Bundestag 16.10.1998 b).

Ludger Volmer, der zweite Redner der Grünen, gab an, dass auch er die Auswirkungen des Krieges im Kosovo als negativ betrachtete, jedoch fehlte ihm die völkerrechtliche Legitimität (vgl. Bundestag 16.10.1998 b).

> „Denselben Respekt aber verlange ich für diejenigen, die dem Antrag der Bundesregierung nicht zustimmen werden, weil sie in der Umgehung des Völkerrechts einen gefährlichen Präzedenzfall sehen, der mittelfristig mehr Schaden anrichten kann, als er kurzfristig Probleme löst" (Bundestag 16.10.1998 b).

Volmer argumentiert dann im Sinne eines Zweckpazifismus, der, wie oben dargelegt, auf eine Friedenskonzeption abzielt, die analog zum Nationalstaat eine Verrechtlichung der Beziehungen herbeiführen möchte mit dem Zweck, ein Weltgewaltmonopol zu errichten und damit den Naturzustand zwischen den Staaten bzw. den Krieg zu bannen.

> „Ich selber gehöre zu denen, die dem Antrag nicht zustimmen werden, weil sie daran glauben, daß das Recht des Stärkeren auch international durch die Stärke des Rechts ersetzt werden muß. Nur eine Verdichtung und Verbreiterung des Völkerrechts, nur die Stärkung des UNO-

> Gewaltmonopols durch entsprechende Mandate und Ressourcen wird dazu beitragen, nicht seine Aushöhlung" (Bundestag 16.10.1998 b).

Darüber hinaus monierte er, dass sich nicht ausreichend friedlicher bzw. gewaltarmer Mittel zur Konfliktbeilegung bedient wurde, und argumentierte, dass pazifistische Außenpolitik mithilfe einer neuen Regierung gestaltet werde. „Wir freuen uns darauf, diese Elemente der Konfliktprävention und Konfliktbeilegung mit friedlichen Mitteln in einer neuen Regierung weiterentwickeln zu können" (Bundestag 16.10.1998 b).

Letztlich stimmten von den 46 Grünen Bundestagsabgeordneten 29 mit Ja, 9 stimmten mit Nein und 8 enthielten sich (vgl. Fischer 2007: 111), womit eine deutliche Mehrheit der Bündnisgrünen für einen bewaffneten Kampfeinsatz votiert hatte, der im starken Kontrast zum lange verfolgten Mittelpazifismus stand und mit einem Zweckpazifismus aufgrund der Umgehung des herrschenden Völkerrechts mindestens im Konflikt war.

Als Hauptgrund für diese deutliche Mehrheit kann die humanitäre Situation der Menschen im Kosovo betrachtet werden, da diese nicht nur in den Grünen Debatten-Beiträgen hervorgehoben wurde, sondern auch in den persönlichen Erklärungen der Bundestagsabgeordneten, die mit Enthaltung stimmten, wie Winfried Nachtwei, Kerstin Müller und Volker Beck, oder mit Nein votierten, wie Gila Altmann (vgl. Bundestag 16.8.2010 b). In der persönlichen Erklärung von Helmut Lippelt, Ulrike Höfken, Franziska Eichstädt-Bohlig und Dr. Antje Volmer wird einerseits explizit erwähnt, dass der Beschluss gegen Grüne Programmatik verstößt, wobei die Selbstmandatierung der NATO und der mögliche Gewalteinsatz als wichtige Probleme erachtet werden (vgl. Bundestag 16.10.2010 b). Andererseits ist es der Verweis auf die humanitäre Situation, der über den Bedenken steht. „Aber: Militärisches Vorgehen, das den Charakter ethnischer Säuberung annimmt, gegen einen Teil des eigenen Volkes in einem europäischen Land ist ein Vorgang, den Europa nicht ein zweites Mal hinnehmen darf" (Bundestag 16.10.2010 b). Zudem findet sich hier eine oben behandelte Bezugnahme auf den Nationalsozialismus, wonach vermeintlich ähnlich gelagerte Verbrechen sich nicht wiederholen dürften.

Mit dieser Entscheidung, die sich als ein Vorratsbeschluss (vgl. Friedrich 2005: 86) für einen später durchgeführten Krieg herausstellen sollte, votierten Grüne erstmals für einen militärischen Kampfeinsatz, der im Rahmen der VN durch Kapitel VII mandatiert worden wäre. Zudem wurde die zentrale internationale Konfliktlösungsinstanz durch ein westliches Militärbündnis ersetzt. Damit standen sie nicht nur im Konflikt mit ihrem Wahlprogramm, sondern auch mit dem Koalitionsvertrag. In pazifistischer Hinsicht steht somit fest, dass aufgrund des erst angedrohten und dann ausgeführten intensiven Gewalteinsatzes ein Mittelpazifismus nicht mehr festzustellen war. Durch die Umgehung der VN, auch wenn sich NATO und Bundesregierung teilweise auf VN-Resolutionen bezogen hatten, stellt sich die Frage, inwiefern nunmehr ein Zweckpazifismus anzutreffen ist. Denn durch Inanspruchnahme der NATO wurde ein Weltgewaltmonopol der VN geschwächt.

5.5 Die Sonder-BDK von Bielefeld

Wie schon oben angedeutet, legte der Konflikt im Kosovo nur eine kurze Zwischenpause ein, da bereits wenige Zeit nach dem untersuchten Bundestagsbeschluss kriegerische Handlungen von beiden Konfliktparteien zu beobachten waren. Hierbei spielte ein Vorfall in dem kosovarischen Ort Racak eine besondere Rolle, wonach 45 Leichen in ziviler Bekleidung aufgefunden wurden und dieser Vorfall von einem Großteil der Presse und von den meisten westlichen Regierungen als ein von Serben begangenes Massaker wahrgenommen wurde[31]. In der Konsequenz kam es zu intensivierten Kriegsdrohungen von NATO-Mitgliedsländern, gescheiterten diplomatischen Initiativen, für deren Zustandekommen Deutschland zu einem Großteil verantwortlich zeichnete, und letztlich zu einem mehrmonatigen Luftkrieg im Kosovo mit deutscher Beteiligung (vgl. Friedrich 2005: 58–86). Der Krieg wurde von deutscher Seite, wie von Verteidigungsminister Scharping und von Fischer, mit Argumentationen unterlegt, die eine historische Gleichsetzung von Verbrechen im Kosovo mit denen des Nationalsozialismus nahelegten (vgl. Stephan 1999, S. 272–274).

Der NATO-geführte Krieg erfüllte allerdings nicht die erwarteten Resultate des Militärbündnisses, da es wieder zu einer hunderttausendfachen Vertreibung kam, ZivilistInnen starben und die Bombardierungen dem keinen Einhalt gebieten konnten (vgl. Friedrich 2005: 91–97). KritikerInnen monierten, dass der NATO-Krieg überhaupt erst für Vertreibungen und Tote verantwortlich gewesen sei

31 KritikerInnen aus dem meist linken Spektrum führen an, dass es sich hierbei nicht um ein Massaker, sondern um eine propagandistische Inszenierung der UCK gehandelt habe, die westliche Regierungen gern als Anlass für ihre Kriegspolitik genommen hätten (vgl. Johnstone 1999: 52–67).

und sich damit der Krieg als Konfliktlösungsform disqualifiziert habe (vgl. Ditfurth 2001: 307f.).

Diese Situation eines erstmalig in der Geschichte der Bundesrepublik geführten Krieges, der Friedenserzwingung mit militärischen Mitteln, der aber noch nicht einmal eine Befriedung, sondern eine Zuspitzung bewirkte, war für Bündnis 90/Die Grünen eine bedrohliche Situation. Denn die auch aus der Friedensbewegung kommende Partei, deren außenpolitische Verortung seit Anbeginn pazifistisch war, befand sich nun in einem Identitätskonflikt um die Ausrichtung ihres pazifistischen Verständnisses. Dies führte zu der Einberufung einer Sonder-BDK 1999 in Bielefeld, als der Luftkrieg noch im Gange war, die auch für das Fortbestehen des rot-grünen Bündnisses entscheidend sein sollte, da Vizekanzler und Außenminister Fischer in seiner Eigenschaft als wichtigster Grüner Repräsentant in der Bundesregierung vor und während der Sonder-BDK im Falle einer bestimmten Beschlusslage seinen Rücktritt angekündigt hatte und die SPD bei bestimmter Beschlussfassung die Koalition nicht fortgeführt hätte (vgl. Fischer 2007: 221–229/vgl. Geis/Ulrich 2002: 163–165). So standen sich letztlich nach langer intensiver Debatte zwei Anträge gegenüber, wobei der Antrag des Bundesvorstands *Frieden und Menschenrechte vereinbaren! Für einen Frieden im Kosovo, der seinen Namen zu Recht trägt* die Fischersche Außenpolitik gestützt hätte, während der Antrag von Claudia Roth und Christian Ströbele *Die Luftangriffe sofort beenden und mit der Logik der Kriegsführung brechen* eine Abkehr hiervon zur Folge gehabt hätte.

Dabei standen sich beide Anträge nicht in allen Punkten diametral gegenüber, da sie sich im Hinblick auf den Kosovo gegen Bezugnahmen auf die Verbrechen des Dritten Reichs verwahrten, wobei der Roth-Antrag in seiner Kritik deutlicher war (vgl. Grünes Archiv 7a:2/Grünes Archiv 7 b: 1). Dies hinderte allerdings weder Volmer und Müller noch Fischer daran, diesbezügliche Bezüge in der Debatte abermals herzustellen (vgl. Grünes Archiv 8a u. b).

> „Mir wurde moralischer Overkill vorgeworfen und ich würde da eine Entsorgung der deutschen Geschichte betreiben und ähnliches. (...) Auschwitz ist unvergleichbar. Aber in mir; ich stehe auf zwei Grundsätzen, nie wieder Krieg, nie wieder Auschwitz, nie wieder Völkermord, nie wieder Faschismus. Beides gehört bei mir zusammen" (Grünes Archiv 8a).[32]

---

32 Fischer äußerte in seiner Rede in Bielefeld Unverständnis darüber, dass ihm Bezugnahmen auf den deutschen Faschismus in diesem Fall vorge-

Des Weiteren führten beide an, dass Menschenrechte und Gewaltfreiheit nicht gegeneinander abgewogen werden dürften; allerdings äußerte der Antrag des Bundesvorstands, dass im Falle des Kosovo[33] ein Zielkonflikt bestanden hätte, womit für diesen Fall und damit auch für ähnlich gelagerte Fälle sich für ein Abwiegen ausgesprochen wurde. Zudem äußerten beide eine Kritik hinsichtlich der völkerrechtlichen Legitimation des NATO-Luftkrieges, wobei dies der Antrag von Roth deutlich pointierter vornahm, und beide stärkten in ihrem Beschlusstext die Rolle der VN. Damit wurde einerseits an die schon lange bestehende Kritik an dem Militärbündnis NATO angeknüpft und andererseits die VN als zentrales Instrument einer Weltfriedensordnung als Inhaberin eines Weltgewaltmonopols gestärkt (vgl. Grünes Archiv 7 a u. b).

Sie unterschieden sich allerdings deutlich, was die Frage der Mittelwahl anbetraf. Der Roth-Antrag positionierte sich im Sinne eines Mittelpazifismus, da bezüglich des Mittels und des Zwecks in der Bündnisgrünen Außenpolitik eine Symmetrie angestrebt wurde:

> „Sie muß vor allem aber deutlich machen, wie den Menschenrechten in Zukunft mit Mitteln der Konfliktprävention, der zivilen Konfliktbearbeitung und Konfliktlösung Geltung verschafft werden kann" (Grünes Archiv 7b: 2).

Diese anvisierte Symmetrie wurde im Antrag des Bundesvorstands mit einer Ultima Ratio-Argumentation nicht erreicht bzw. auch nicht angestrebt:

> „Nach dem Scheitern des Rambouillet-Prozesses hat sich die Mehrheit der bündnisgrünen Mandats- und EntscheidungsträgerInnen für den Einsatz militärischer Gewalt ausgesprochen. Das Verhalten des Milosevic-Regimes ließ zu dieser Zeit in der politischen Realität eine andere als die getroffene Entscheidung nur um den Preis zu, daß der bereits angelaufenen massenhaften Vertreibung und dem Morden nichts hätte entgegen gesetzt werden können" (Grünes Archiv 7a: 2).

Bei der Auseinandersetzung um die Mittelwahl spielte die Frage um die jeweilige Effektivität des gewählten Mittels, wie schon oben

---

worfen wurden, da diese von ihm auch bezüglich innenpolitischer Themen getätigt wurden, beispielsweise bei einem Brandanschlag auf Ausländer in Solingen, und dies nicht als problematisch betrachtet worden wäre (vgl. Grünes Archiv 8a).

33 Hier wäre die neue Bundesregierung mit einer eskalierten Situation konfrontiert worden, die gewaltfreien bzw. gewaltarmen Mitteln keine Zeit mehr gelassen hätte (vgl. Grünes Archiv 7a: 2).

untersucht, wieder eine große Rolle. Demnach ging der Antrag des Bundesvorstands davon aus, dass das bisherige militärische Vorgehen der NATO effektiv gewesen wäre, wenn auch Kritik bezüglich so genannter Kollateralschäden geübt wurde (vgl. Grünes Archiv 7a: 3). Daran anknüpfend wurde geäußert, dass das militärische Mittel zwar durch gewaltarme Mittel wie Diplomatie ergänzt werden sollte, aber ein gewaltintensiver Bestandteil unerlässlich sei.

> „Nach den bisherigen Erfahrungen mit Milosevic erscheint es äußerst zweifelhaft, daß dieser ohne Druckausübung zu Verhandlungen bereit ist. Wie der Verlauf des Krieges zeigt, ist es allein mit militärischem Druck auch nicht zu erreichen." (Grünes Archiv 7a: 3)

Gegen diese Einschätzung, wonach dem militärischen Handeln ein großer Wirkungseffekt zugeschrieben wurde, verwahrte sich der Roth-Antrag.

> „Wir wenden uns gegen eine Eskalationslogik, die behauptet: Wer politischen und wirtschaftlichen Druck ausübt sieht hilflos zu; wer bombardiert handelt. Wer erfolglos bombardiert sieht hilflos zu, nur wer Bodentruppen einsetzt handelt. Wer begrenzt Bodentruppen einsetzt sieht hilflos zu, nur wer in Belgrad einmarschiert und Milosevic stürzt handelt" (Grünes Archiv 7b: 1f.).

Die militärisch gestützte Außenpolitik hätte nämlich eben nicht die gewünschten Resultate erzielt, weswegen wegen der Perzeption des Militärischen als effektiv nun eine immer höhere Gewaltverstrickung gefordert werde (vgl. Grünes Archiv 7b: 3f.). Hiergegen wendete sich unter anderem Christian Ströbele in seinem Debattenbeitrag:

> „Aber etwas tun kann doch für Grüne, und ich bin jetzt auch seit 18 Jahren in der Grünen Partei, kann doch für Grüne nicht nur heißen Krieg führen, etwas tun da muss es doch andere Möglichkeiten geben um etwas zu erreichen" (Grünes Archiv 8b).

Darüber hinaus griff der Roth-Antrag auf einen oben untersuchten pazifistischen Aspekt der Grünen der 1980er Jahre zurück. So sollten einseitige Schritte, womit hauptsächlich ein Ende der NATO-Bombardierungen gemeint war, zu einem Friedensabkommen führen (vgl. Grünes Archiv 7b: 4f.). Hiermit griffen die VerfasserInnen auf ein Grünes Konzept aus der Blockkonfrontation zurück, wobei sich die Frage stellt, inwiefern diese Adaption Grüner pazifistischer Tradition auf die Situation im Kosovo zu übertragen war, da sich hier keine nahezu gleichwertigen, atomar hochgerüsteten Supermächte gegenüberstanden.

Des Weiteren nahm der Antrag des Bundesvorstands zum Ende des Beschlusstexts hin noch eine pazifistische Selbstverortung vor, die sich sehr stark in der Volmerschen Deutung eines politischen Pazifismus bewegt, also eines Zweckpazifismus, der mittels einer internationalen Friedensordnung die Gewalt durch Verrechtlichungen bannen und somit ein Weltgewaltmonopol errichten wollte. Der Einsatz von intensivierter Gewalt bzw. die Bereitschaft zur Herstellung einer solchen Ordnung wurde zwar an dieser Stelle nicht vorgenommen, jedoch ergibt sich dies aus dem Antragstext, der für einen solchen positiven Frieden einen intensivierten Gewalteinsatz für den Menschenrechtsschutz erlaubt.

> „Die grundsätzliche Orientierung am Pazifismus werden wir nicht aufgeben. Wir wollen ihn entfalten als politischen Pazifismus, der sich zum Ziel setzt, die Anwendung von Gewalt in den internationalen Beziehungen durch die Herausarbeitung eines wirksamen Gewaltmonopols der Vereinten Nationen zurückzudrängen" (Grünes Archiv 7a: 4).

In dieser hier untersuchten innerparteilichen Auseinandersetzung, die oberflächlich betrachtet über die richtige Strategie im Kosovo-Krieg entscheiden sollte, aber hauptsächlich eine Entscheidung über den Fortbestand der rot-grünen Koalition und über den zukünftigen pazifistischen Kurs von Bündnis 90/Die Grünen war, obsiegte der Antrag des Bundesvorstands mit einer Mehrheit von 444 zu 318 Stimmen (vgl. Fischer 2007: 228).

Die Gründe für diese Mehrheit, die eine deutliche Absage an den Mittelpazifismus und damit an eine lange verfolgte Strategie und Teilidentität bedeutete, sind in mehreren Punkten zu finden. Zunächst einmal spielte der vorangegangene Krieg in Bosnien-Herzegowina eine große Rolle, da die Auswirkungen dieses ethnischen Krieges, wie gezeigt, sich in veränderten Einstellungen vieler Bündnisgrüner zum Grünen Pazifismus niederschlugen, so dass sich im Laufe der Neunzigerjahre des letzten Jahrhunderts sukzessive ein höherer Gewalteinsatz in Grünen außenpolitischen Verortungen niedergeschlagen hat. Die von vielen Bündnisgrünen im Bosnien- und vor allem im Kosovo-Krieg argumentierte Alternativlosigkeit hin zu einem intensivierten Gewalteinsatz, die oft mit für die Entscheidung wichtigen Bezügen auf den Nationalsozialismus versehen wurde (vgl. Geis/Ulrich 2002: 171f.), konnte zu Beginn der Parteigeschichte angesichts des Kalten Krieges und eines etwaigen menschheitsauslöschenden Atomkriegs keine Begründung sein.

Doch diese Rahmung, die, wie gezeigt, zugleich in Grünen Programmen und Beschlüssen auch eine Begründung für den Grünen Mittelpazifismus war, entfiel mit dem Ende der bipolaren Weltordnung und der damit endenden nuklearen Bedrohung.

Darüber hinaus war der Aspekt des drohenden Endes der rot-grünen Koalition für die Delegierten von Belang, da beispielsweise Höhn, Ströbele und Volmer in ihren Debattenbeiträgen als Grüne ProtagonistInnen hierauf Bezug nahmen (vgl. Grünes Archiv 8b) und somit die Relevanz dieses Punkts für die Delegierten unterstrichen wurde. Daran anknüpfend wurde die Kritik geäußert, dass diese Zustimmung sich zum Teil auch dadurch erklären lässt, dass für viele Bündnisgrüne von dem Ausgang der Abstimmung der eigene Arbeitsplatz abhing, da dieser durch ein Ende der Koalition und damit wegfallende Stellen gefährdet worden wäre (vgl. Schmidt 1999: 151f.).

Insgesamt betrachtet war es nun so, dass Bündnis 90/Die Grünen sich durch die medial viel beachtete Sonder-Bundesdelegiertenkonferenz verändert hatte, da zum ersten Mal, mit einem konkret zu verantwortenden Krieg im Hintergrund, für einen intensivierten Gewalteinsatz als ein Mittel der Außenpolitik votiert wurde. Dieser Gewalteinsatz geschah, da die VN aufgrund ihrer aus dem Kalten Krieg rührenden Verfasstheit in diesem Punkt nicht handlungsfähig waren (vgl. Friedrich 2005: 45), unter Umgehung der einzigen weltweit anerkannten Konfliktschlichtungsinstitution, womit ein wichtiges Ziel des nun postulierten politischen Pazifismus hintertrieben wurde. Denn der Einsatz der NATO schwächte das ohnehin ausbaubedürftige Weltgewaltmonopol der VN, auch wenn Menschenrechte der VN von dem Militärbündnis als Legitimationsgrundlage herangezogen wurden.

5.6 Das Grundsatzprogramm von 2002

Die Bedeutung der Entscheidung der Bielefelder Sonder-BDK zeigte sich auch an programmatischen Verschiebungen, die der Beschluss nach sich zog. Demnach fand die veränderte Einstellung zum Einsatz vom Militär als ein Mittel der Außenpolitik Einzug in das 2002 von den Grünen verabschiedete Grundsatzprogramm, welches das hier untersuchte Bundesprogramm von 1980 ablöste (vgl. Die Grünen 2004: 116). Diesbezügliche Änderungen sind von besonderer Relevanz, da Grundsatzprogramme Verortungen liefern, die über eine Wahlperiode hinausgehen.

So ist Gewaltfreiheit in der Präambel nicht mehr einer von vier Grundsätzen, sondern nunmehr neben Menschenrechten Ausdruck der Grünen Werteorientierung. Zudem wird die Gewaltfreiheit im Zielbereich verortet (vgl. Die Grünen 2002: 14f.). Das heißt, dass der Einsatz von intensivierter Gewalt für eine weltweite Rechtsordnung erlaubt wird, solange sie im Einvernehmen mit dieser geschieht.

> „Wir wissen aber auch, dass sich die Anwendung rechtstaatlich und völkerrechtlich legitimierter Gewalt nicht immer ausschließen lässt. (...) Unser Ziel ist in allen gesellschaftlichen und zwischenstaatlichen Bereichen gewaltfreie Konfliktlösungen zu fördern, um die politische Institution des Kriegs zu überwinden" (Die Grünen 2002: 15).

Damit knüpften die Grünen sehr stark an im Theorieteil behandelte Zweckpazifismus-Konzepte an, die es sich ebenfalls zum Ziel gesetzt haben, die Institution des Krieges zu überwinden, also kurz- und mittelfristige Gewaltausübung für den Zweck einer Friedensordnung zu ermöglichen, und grenzten sich somit vom Mittelpazifismus ab.

Dem Grünen Grundsatzprogramm folgend bedeutet dies aber nicht, dass dieser legitimierte Einsatz von Gewalt oder Gewalt im Allgemeinen positiv betrachtet, sondern als ein zu bannender Faktor angesehen wird.

> „Unsere Politik ist darauf ausgerichtet, international die Geltung des Rechts zu fördern, Konfliktprävention voranzustellen und die Anwendung von Gewalt immer weiter zurückzudrängen. Gewalt darf Politik nicht ersetzen" (Die Grünen 2002: 15).

Diese ambivalente Positionierung hinsichtlich des Einsatzes von Gewalt setzt sich auch im eigentlichen außenpolitischen Programmteil fort. Einerseits wird intensivierte Gewalt per se als etwas Abzulehnendes betrachtet. „Die Anwendung militärischer Kriegsgewalt bedeutet Leid und Zerstörung und bleibt unabhängig von ihren Zielen ein großes Übel" (Die Grünen 2002: 160). Andererseits wird der Einsatz von Militär als ein gewöhnlicher Operationsmodus innerhalb der internationalen Staatenwelt betrachtet. „Zugleich ist Militär im Rahmen des Völkerrechts ein legitimes Organ staatlicher und globaler Sicherheitspolitik" (Die Grünen 2002: 161). Dieser Widerspruch wird durch die Bündnisgrünen dadurch aufgehoben, dass sie militärische Gewalt in verschiedene Eskalationsstufen einteilen, wonach friedensbewahrende, also gewaltärmere Einsätze als unverzichtbar betrachtet werden und gewaltintensive, die mit Kapitel VII der VN-Charta mandatiert würden, bei Bedrohungen der internationalen Sicherheit und in Ausnahmesituationen notwendig seien (vgl. Die Grünen 2002: 161). Darüber hinaus erfolgt eine Bezugnahme auf den Kosovo-Krieg, indem gewaltintensive Mittel nur durch den VN-Sicherheitsrat legitimiert werden sollen und der besagte Krieg eine sehr besondere Notlage gewesen und damit statthaft gewesen sei (vgl. Die Grünen 2002: 164).

Damit geht das Grüne Grundsatzprogramm von 2002 in puncto Gewalteinsatz deutlich über das Bundesprogramm von 1980 und auch über alle anderen hier behandelten Programme und Beschlüsse hinaus. Militärische Gewalt, die im Auftrag einer internationalen Friedensordnung praktiziert wird, erscheint nicht mehr als etwas Abzulehnendes, sondern als legitimiert, auch wenn intensivierter Gewalteinsatz mit Skepsis betrachtet wird und gewaltarme präventive Mittel vorzuziehen sind (vgl. Die Grünen 2002: 163). Hier ordnen sich die Bündnisgrünen also in einen Zweckpazifismus ein.

Daran anknüpfend sind die Ausführungen zu einem positiven Frieden im außenpolitischen Teil des Grundsatzprogramms in mehrfacher Hinsicht ausgeprägt. Demnach wird in Bezug auf negative Auswirkungen der Globalisierung als friedensgefährdende Faktoren in ökologischer (vgl. Die Grünen 2002: 148), in sozialer (vgl. Die Grünen 2002: 147) und in ökonomischer (vgl. Die Grünen 2002: 145–147) Hinsicht gefordert, Reglementierungen über verschiedene Institutionen zu schaffen, die über die jeweiligen globalen Ordnungen Frieden stiften.

> „Die Stärkung der multilateralen Kooperation ist das überwölbende Ziel unserer Außenpolitik und deshalb unterstützen wir alle Bemühungen, multilaterale Strukturen, Integration und die Geltung des Rechts zu stärken" (Die Grünen 2002: 152).

Die Vorrangstellung der Konzeptionen eines positiven Friedens zeigen sich überdies in den Ausführungen zur EU (vgl. Die Grünen 2002: 150–159) und Überlegungen zu den VN (vgl. Die Grünen 2002: 146), die zu verschiedenen Problemlagen über entsprechende Verrechtlichungen Frieden gestalten sollen, wobei die VN trotz einer kritischen Bestandsaufnahme zur zentralen Akteurin der internationalen Problemlösung erklärt werden (vgl. Die Grünen 2002: 165–167).

Die Bestimmungen bezüglich eines negativen Friedens hingegen fallen im Gegensatz zum Bundesprogramm von 1980 äußerst kurz aus. Enthielt das Programm von 1980 noch eine Vielzahl an detaillierten Vorstellungen, finden sich im Programm von 2002 Bezüge zu Militärpotenzialen oder zu Rüstungsaspekten oft nur als kurze

Problembeschreibungen oder als knappe und unpräzise Lösungsansätze (vgl. Die Grünen 2002: 160–163). „Der Gefahr eines potenziellen Ungleichgewichts durch eine hochgerüstete NATO ist entgegen zu wirken" (Die Grünen 2002: 162). Lediglich zum Ende des siebten Kapitels werden Forderungen zur Verringerung von Militärpotenzialen näher ausgeführt (vgl. Die Grünen 2002: 164f.), wobei das Bundesprogramm von 1980 in seinen Forderungen deutlich weitgehender war, was beispielsweise die deutsche Rüstungsindustrie und die Bundeswehr anbelangt. Diese Relevanzverschiebung weg vom negativen Frieden erklärt sich, wie zur Bonner Sonder-BDK schon erklärt, durch den veränderten historischen Bezugsrahmen und durch die veränderte pazifistische Ausrichtung der Grünen, die nunmehr ein größeres programmatisches Gewicht auf Normierungen durch Institutionen wie die VN, also auf einen positiven Frieden legten.

Somit zeigt sich auch durch die Dominanz von Verortungen, die im Einklang mit der Konzeption eines positiven Friedens stehen, dass das noch aktuelle Bündnisgrüne Grundsatzprogramm von 2002 in pazifistischer Hinsicht in einen Zweckpazifismus einzuordnen ist. Denn die verschiedenen angestrebten Verrechtlichungen über internationale Institutionen, die weltweite Gewaltbedingungen abbauen und somit Frieden stiften sollen, wobei den VN nach den Grünen hierbei die Hauptrolle zufällt, zielen auf eine für den Zweckpazifismus essentielle Friedensordnung ab. Jedoch besteht ein Problem darin, dass die Grünen den Kosovo-Krieg im Nachhinein hinsichtlich eines Weltgewaltmonopols als eine legitime Ausnahme erklären, da dies programmatisch den Raum öffnet, bei einer ähnlich gelagerten Situation die VN als projizierte Inhaber eines Weltgewaltmonopols zu umgehen.

5.7 Kosovo-Nachwehen - Debatte über politischen Pazifismus

Ludger Volmer löste 2002, zu dieser Zeit war er Staatsminister im Auswärtigen Amt, über einen Beitrag in der „Frankfurter Rundschau" eine Debatte über den Pazifismus der Grünen aus, da seine Bewertung der Grünen als immer noch pazifistische Partei bei einigen anderen PazifistInnen auf großen Missmut stieß.

Eigentlich zielte Volmers Beitrag in der FR darauf ab, den Einsatz von gewaltintensiven Mitteln gegen Terroristen vor dem Hintergrund des 11.9.2001 zu rechtfertigen bzw. diejenigen zu verurteilen, die sich gegen ein militärisches Vorgehen gegen eben diese aussprechen. „Pazifismus und Gewissen - sie sind letzte Berufungsinstanz für alle, die eine deutsche Beteiligung an den militärischen Maßnahmen zur Bekämpfung des Terrorismus ablehnen" (www.ag-friedensforschung.de/themen/Pazifismus/volmer.html). Für diese Argumentation spricht er zunächst verschiedenen Pazifismuserscheinungen die Existenzberechtigung ab, dies beispielsweise einem religiös motivierten Mittelpazifismus, wobei er, wie im Theorieteil dargelegt, über eine Anlehnung an die Terminologie Max Webers diese Ausformung des Pazifismus in ein negatives Licht rückt.

> „Wer keinen Gottesstaat will, lässt der Politik die Freiheit der Entscheidung, mahnt jedoch zu einem abgewogenen Urteil. Gerade indem die Kirchen sich als außer-politische Instanz begreifen, erfüllen sie ihre normative Aufgabe. Innerhalb des politischen ist ein abstrakt-gesinnungsethischer Pazifismus handlungsunfähig" (vgl.www.ag-friedensforschung.de/themen/Pazifismus/volmer.html).

Für nicht mehr zeitgemäß erachtet Volmer überdies nicht näher definierte Pazifismen, wie einen Nuklearpazifismus, einen Pazifismus, der sich aus antiimperialistischen Motiven genährt habe, sowie einen Nachkriegspazifismus (vgl. www.ag-friedensforschung.de/themen/Pazifismus/volmer.html), wobei gerade erster und letzterer Pazifismus bei den Grünen eine besondere Rolle gespielt haben. Denn letzteren Pazifismus bringt Volmer mit den Postulaten „Nie wieder Krieg", „Nie wieder Auschwitz" in Verbindung, die, wie gezeigt, auch im Bündnisgrünen Kontext eine besondere Rolle gespielt haben. Der Nuklearpazifismus war, wie oben gezeigt, eine pazifistische Ausformung der Grünen der Anfangszeit, der Volmer auch für diesen, aber nur für diesen Zeitabschnitt eine Legitimität zuweist. Das Gleiche gilt für einen erneut nicht näher definierten Pazifismus, der im Jahrzehnt vor der Jahrtausendwende versucht habe, EU und KSZE gegenüber der NATO zu stärken, womit er ebenfalls mindestens zu einem großen Teil auch Bündnisgrüne Bestrebungen meinte, da deren Programmatik dies, wie gezeigt, vorsah (vgl. www.ag-friedensforschung.de/themen/Pazifismus/volmer.html). Insgesamt bedeuten seine Absagen an diese Pazifismus-Ausformungen somit auch ein Absprechen der Legitimität von bestimmten Pazifismus-Ausformungen der Grünen bzw. von Bestandteilen Grüner Pazifismen, da Volmers oberflächliche Ausführungen zum Teil keine für sich stehende Pazifismus-Ausformungen liefern.

Diesen nach Volmer anachronistischen Pazifismen setzt er einen aktualisierten politischen Pazifismus entgegen:

„Politischer Pazifismus heute heißt: Einsatz für das Primat der Politik und die Unterordnung militärischer Schritte unter politische Strategien, für die zentrale Rolle der Vereinten Nationen, die Geltung des humanitären Kriegsvölkerrechts und die Verhältnismäßigkeit der Mittel, (...), für global governance und eine internationale Strukturpolitik, die auf globale Gerechtigkeit zielt" (www.ag-friedensforschung.de/themen/Pazifismus/volmer.html).

Hiermit knüpft Volmer an zweckpazifistische Überlegungen an, wonach es gilt, ein Weltgewaltmonopol zu errichten, worüber hier die VN wachen würden, um somit militärische Gewalt zurückzudrängen. Des Weiteren sollen in eine solche Gestaltung eines positiven Friedens weitere friedensgefährdende Faktoren berücksichtigt werden wie die Forderung nach einer internationalen Strukturpolitik im Sinne von Gerechtigkeitsüberlegungen belegt.

Wie schon angedeutet, wird auf intensivierte Gewalt in einer solchen Konzeption nicht verzichtet. „Pazifismus heute kann militärische Gewalt als Ultima Ratio, als letztes Mittel, nicht leugnen, kämpft aber für die Prima Ratio, die zivilen Mittel der Krisenprävention" (www.ag-friedensforschung.de/themen/Pazifismus/volmer.html). Damit zeigt sich ein weiteres zweckpazifistisches Merkmal, da Gewalt im Mittel für die Friedensordnung als legitim betrachtet wird.

Bemerkenswert ist, dass Volmer bei seiner Argumentation für einen intensivierten Gewalteinsatz im Mittel auf Muster zurückgreift, die große Ähnlichkeiten zur Beschlussfassung des oben behandelten Bundesvorstands-Antrags der Bielefelder Sonder-BDK aufweisen:

„Wer redlich argumentiert, wird zugeben, dass militärische Mittel allein die Terroristen nicht in die Knie zwingen werden. Umgekehrt können nichtmilitärische Mittel allein dieses Ziel ebenso wenig erreichen" (www.ag-friedensforschung.de/themen/Pazifismus/volmer.html).

So wird in beiden Argumentationen eine scheinbar essentielle Verschränkung von gewaltintensiven und gewaltminimierten Mitteln postuliert.

Insgesamt kann also, was die pazifistischen Strukturmerkmale anbetrifft, eine hohe Übereinstimmung von Grüner Programmatik, wie der des Bielefelder Beschlusses und des Grundsatzprogramms von 2002, und Volmers Darlegungen festgestellt werden.

Wie oben schon erwähnt, erzeugte Volmer mit seinen Thesen einen großen kritischen Widerhall von verschiedenen PazifistInnen:

So wurde in einem offenen Brief des Komitees für Grundrechte und Demokratie die Kritik geäußert, dass die von Volmer vorgenommenen Pazifismus-Zuschreibungen lediglich das Ziel verfolgten, rotgrüne Außenpolitik im Nachhinein pazifistisch zu legitimieren. Aber selbst wenn man Volmers Zuordnungen folgte, wäre die Einschätzung eines politisches Pazifismus nicht zutreffend, da im Kosovo-Krieg sich nicht an das humanitäre Kriegsvölkerrecht gehalten worden wäre und die politischen Handlungsräume noch nicht ausgeschöpft gewesen wären, womit nach dem Komitee gegen wichtige Kriterien des von Volmer apostrophierten politischen Pazifismus verstoßen wurde. Darüber hinaus kritisierten die Verfasser, dass in zivile Mittel der Krisenprävention zu wenig seitens der Bundesregierung investiert werde und auch damit Volmers Ultima Ratio-Argumentation unglaubwürdig wäre (vgl. Komitee 2002: 14–22).

> „Deine prima-ultima-Dialektik mag zur Beruhigung Deines Gewissens taugen, tauglich für eine realitätstüchtige Strategie des ‚politischen Pazifismus' ist sie nicht. Man kann sich des Verdachts nicht ganz erwehren, dass es darum auch gar nicht geht, sondern dass damit eher parteipolitische Absichten verfolgt werden, nämlich womöglich noch Grünen - treue Friedensbewegte weiter an der Partei zu binden und der eigenen grünen Basis den Abschied von einstmaligen friedenspolitischen Positionen schmackhaft oder doch zumindest erträglich zu machen" (Komitee 2002: 22).

An diese Einschätzung einer parteistrategisch motivierten Deutung eines politischen Pazifismus schließt eine Ankündigung der Verfasser an, dass sie sich für einen politischen Pazifismus einsetzen, wobei es sich nach dieser Darlegung um einen Mittelpazifismus handelt, der ebenfalls auf eine Weltinnenpolitik bzw. ein Weltgewaltmonopol abzielt, wobei ein großer Wert auf eine Symmetrie des Mittels und des Zwecks gelegt wird.

> „(...), sondern wir werden weiter für den Verzicht auf militärische Mittel streiten. Wir werden uns für die Ausgestaltung und Durchsetzung eines ‚politischen Pazifismus' engagieren. Da werden dann sicher auch die von Dir mit Recht angesprochenen Konzeptionen von Krisenprävention, Ziviler Konfliktbearbeitung, globaler Strukturpolitik, Weltinnen- und Weltordnungspolitik eine Rolle spielen - aber nicht als Wurmfortsatz einer von der Logik des ‚letzten' militärischen Mittels her strukturierten Politik" (Komitee 2002: 22f.).

So wird Volmer und damit indirekt den Bündnisgrünen also von Seiten des Komitees für Demokratie und Grundrechte nicht nur attestiert, dass sie gegen selbst aufgestellte pazifistische Kriterien verstoßen, sondern auch, dass sie diese aus machtopportunistischen Gründen entworfen haben.

Der Politikwissenschaftler Jochen Hippler kommt in dem letzten Debattenbeitrag der FR ebenfalls zu einer durchweg kritischen Einschätzung von Volmers Artikel. Zunächst wendet er sich ausführlich kritisierend den Passagen Volmers zu, die den Terrorismus betreffen (vgl. www.ag-friedensforschung.de/themen/Pazifismus/Debatte/hippler.html). Danach gelangt auch er zu der Einschätzung, dass das Postulat eines politischen Pazifismus aus parteitaktischen Motiven heraus vorgebracht werde.

> „Nachdem er zuerst zwischen gutem und schlechtem Pazifismus unterscheidet - wobei sein Unterscheidungskriterium praktischerweise darin besteht, der Regierungslinie in Kriegsfragen zu folgen - definiert er seinen neuen, ‚politischen Pazifismus' (womit die altmodischen Pazifisten ganz nebenbei als unpolitisch erledigt werden)," (www.ag-friedensforschung.de/themen/Pazifismus/Debatte/hippler.html).

Zudem spricht er dem politischen Pazifismus Volmers den Pazifismus ab, da die Forderungen nach einem Primat der Politik und nach politischen Strategien auch von einem vermeintlich seriösen Bellizisten getätigt würden. „Aber mit Pazifismus hat das natürlich nichts zu tun, mit welchem Adjektiv man ihn auch verzieren mag" (www.ag-friedensforschung.de/themen/Pazifismus/Debatte/hippl er.html). Diese Einschätzung, wonach ein intensivierte Gewalt einsetzender Pazifismus kein Pazifismus sein kann, rührt aus dem mittelpazifistischen Verständnis des Verfassers, das er anhand von Duden-Zitierungen unterlegt (vgl. www.ag-friedensforschung.de/themen/Pazifismus/Debatte/hippler.html). einer Meinung nach sollten sich die Grünen folglich zu ihrem pazifistischen Wandel bekennen: „Wie hatte Angelika Beer einmal formuliert: ‚Wir sind im Krieg angekommen.' Nun, liebe Grüne, dann steht wenigstens dazu."(www.ag-friedensforschung.de/themen/Pazifismus/Debatte/hippler.html)

Es stellt sich also die Frage, ob es sich bei dem von Volmer und von den Grünen apostrophierten politischen Pazifismus um eine politische Nebelkerze handelt, die einen diesbezüglichen Wandel verschleiern soll, oder ob die pazifistischen Verortungen der Grünen und Grünes Regierungshandeln nicht doch auf einen Zweckpazifismus schließen lassen.

5.8 Zusammenfassung

Eine Zäsur für das pazifistische Verständnis der Grünen war der Konflikt im Kosovo. So wurde mittels eines gewaltintensiven Kriegseinsatzes endgültig von einem Mittelpazifismus Abschied genommen, obwohl Wahlprogramm und Koalitionsvertrag hierfür keine Grundlage boten.

Zunächst war es die Bündnisgrüne Bundestagsfraktion, die diesen pazifistischen Wandel über ihre mehrheitliche Zustimmung zur Regierungsvorlage vornahm. Danach war es die Grüne Partei insgesamt, die auf ihrer Sonder-BDK diesen neuen Kurs unterstützte. Gewalt durfte, wenn auch restriktiv gehandhabt, nun ein Mittel der Grünen Außenpolitik sein. Diese Einschätzung teilte auch das immer noch gültige Grundsatzprogramm von 2002, womit eine Festschreibung dieser Verortung erzielt wurde.

Die Frage, was für eine Art von Pazifismus die Bündnisgrünen nunmehr verfolgen bzw. ob ihnen überhaupt noch das Attribut pazifistisch attestiert werden kann, lässt sich nicht eindeutig beantworten. Denn einerseits lassen sich sowohl in den Diskussionsbeiträgen zur Regierungsvorlage, in der Beschlussfassung des Bielefelder Sonderparteitags und auch im Grundsatzprogramm von 2002 deutliche Merkmale eines Zweckpazifismus erkennen, da nicht nur das Mittel gewaltbehaftet sein darf, sondern der Zweck eines Friedens qua Weltinnenpolitik mit den VN als Hüter eines Weltgewaltmonopols, also eine globale Friedensordnung, benannt wird. Andererseits hintertreiben die Bündnisgrünen die für eine solche Konzeption essentielle Weltinnenpolitik, indem sie im Kosovo-Krieg die VN, wenn auch nicht ohne Grund, umgingen, dies durch die Bielefelder Sonder-BDK guthießen und auch noch im Grundsatzprogramm von 2002 eine wenn auch abgeschwächte Rechtfertigung dessen vornahmen.

Überdies stellt sich bezüglich des im Zweckpazifismus legitimierten Gewalteinsatzes im Mittel die prinzipielle Frage, ob hinter einem vermeintlich pazifistischen Etikett einer Weltinnenpolitik sich die Gefahr einer bellizistischen Außenpolitik verbirgt.

6 Fazit

Sind die Grünen also, um die eingangs benannte Hauptfragestellung wieder aufzunehmen, nach dem befürworteten Kriegseinsatz im Kosovo immer noch eine pazifistische Partei? Für einige BeobachterInnen ist dies, wie gezeigt, mitnichten der Fall, stattdessen wird der auch aus der Friedensbewegung stammenden Partei vorgehalten, dass sie nunmehr das genaue Gegenteil einer pazifistischen Politik betreiben würde.

In der Tat besteht eine große Diskrepanz zwischen dem, was die Bündnisgrünen in ihrem ersten und in ihrem aktuellen Grundsatzprogramm an pazifistischen Verortungen tätigten. Da nun keine/r der hier behandelten BeobachterInnen den Grünen der Anfangszeit ihre pazifistische Ausrichtung bestreitet, könnte somit der Umkehrschluss gezogen werden, dass folglich das jetzige Programm nicht mehr den Anspruch auf einen Pazifismus erheben kann. Denn darf sich derart Unterschiedliches wirklich unter dem gleichen Oberbegriff versammeln?

Die Antwortet lautet Ja und hat sehr viel mit der Entstehungsgeschichte des Pazifismus zu tun. So haben sich in der noch relativ jungen Geschichte des Pazifismus diese Auseinandersetzung betreffend zwei unterschiedliche Linien herausgebildet. Die eine Linie, der Mittelpazifismus, der in seinen Anfängen eine religiöse Prägung erfuhr, definierte sich hauptsächlich durch den Fokus auf das Mittel bzw. auf die Negation des Gewalteinsatzes im Mittel. Die andere durch das Bürgertum und durch Kant geformte Linie, der Zweckpazifismus, legte einen besonderen Wert auf den Zweck bzw. auf eine zu errichtende Friedensordnung. Für Letztere war der Einsatz von militärischer Gewalt ein mögliches Mittel, um Frieden zu erreichen. Das heißt also, dass es diesen Widerspruch und auch eine Auseinandersetzung um die pazifistische Deutungshoheit schon so lange gibt wie den Begriff des Pazifismus selbst, womit keine der beiden Gruppierungen einen Alleinvertretungsanspruch erheben kann. Denn anhand welcher Kriterien könnte ein Urteil gefällt werden, wonach nur eine der beiden Linien die Zuschreibung eines Pazifismus für sich allein beanspruchen kann? Ein solches ausschließendes Urteilen würde zu stark subjektiven Präferenzen folgen, als dass spezifische Merkmale und damit überprüfbare Maßstäbe in ausschließender Weise angelegt werden könnten, da beide pazifistischen Theorien trotz durchaus unterschiedlicher Charakteristika, die jeweils unterschiedliche Kritikpunkte hervorbringen, nicht nur auf eine ähnlich lange bzw. kurze Entstehungszeit zurückblicken, sondern auch das gleiche Ziel teilen. Die jeweils unterschiedliche Fokussierung ist der entscheidende Unterschied, wobei dies, wie erwähnt, weder einen Alleinvertretungsanspruch legitimiert noch beide Linien durch ihre Behandlung unter einem Oberbegriff diskreditiert.

Dem Mittelpazifismus, den gerade viele KritikerInnen von Bündnis 90/Die Grünen als den Maßstab für eine pazifistische Politik ansehen, wohnt der definitorische Vorteil inne, dass die scheinbare Symmetrie von Mittel und Zweck eine große konzeptionelle Geschlossenheit liefert. Es ist auch zu einem großen Teil diese Logik, dass ein friedlicher Zweck nur mit einem friedlichen Mittel erreicht werden kann, der für den Mittelpazifismus spricht. Er ist somit im Gegensatz zum Zweckpazifismus eher davor gefeit, durch Gewaltanwendungen dahingehend korrumpiert zu werden, dass diese zu einem herkömmlichen Modus Operandi werden.

Allerdings kann auch kein Mittelpazifismus für sich behaupten, gänzlich auf den Einsatz von Gewalt zu verzichten, da streng betrachtet jede menschliche Handlung in dem Sinne eine Gewalthandlung ist, als sie in die Autonomie, in die Entwicklungsmöglichkeiten eines oder einer anderen eingreift, was beispielsweise nach Galtung der Definition von Gewalt entspricht.

Auf einen gewissen Gewalteinsatz, sei es eine Sitzblockade, sei es ein wirtschaftliches Embargo, muss aber auch ein Mittelpazifismus zurückgreifen, um seinen Friedenszweck erfüllen zu können. Demnach gefährdet ein zu strikter Anspruch auf dessen innere Geschlossenheit die Wirksamkeit und damit auch die Politikfähigkeit eines Mittelpazifismus. Somit ist der Mittelpazifismus, wie erwähnt, durch seine innere Logik zwar gefestigter, zum anderen liegt paradoxerweise genau in dieser Logik bzw. in der zu strikten Auslegung ein möglicher Fallstrick. Dieser ergibt sich aus der Konfrontation zwischen Theorie und Realität, die immer auch durch äußere und zunächst thematisch fremde Merkmale geprägt ist. Denn, wie gezeigt, werden nur solche Mittel als wirksam betrachtet und damit in der Konsequenz mit Wirkmacht versehen, die mit Stärke konnotiert werden, was in den allermeisten Gesellschaften auf Erden nicht bei friedlichen Mitteln der Fall ist.

Daran anknüpfend müssen sich VertreterInnen eines Mittelpazifismus fragen, inwiefern angesichts eines Völkermords wie an den europäischen Juden während des nationalsozialistischen Terrors an einem solchen Konzept festgehalten werden kann. MittelpazifistInnen würden mit Recht einwenden, dass ihre Politik darauf abzielt, dass eine solche Situation erst gar nicht entsteht und dass sie mit ihrem Tun eine Kultur der Gewalt bannen wollen, die unser aller Alltag, meist unbewusst, angefangen vom Geschichtsunterricht über Sprache bis zur konkreten Politik, auf den verschiedensten Ebenen strukturiert. Des Weiteren würden sie auch nicht gänzlich falsch argumentieren, dass die militärischen Interventionen der jüngeren Zeit nur vorgeblich wegen Menschenrechten, sondern unter diesem Deckmantel wegen machtpolitischer Erwägungen geführt wurden. Überdies sei ein Völkermord auch erst ex post feststellbar, da es keine objektiv unhinterfragbaren Gewissheiten gibt, so dass kein Krieg für einen solchen Befund im Vorhinein geführt werden könne.

So wichtig der Hinweis auch ist, dass es für ein friedliches Zusammenleben darum gehen muss, Gewalt zu bannen, und so richtig zu einem nicht unwesentlichen Teil der zweite Einwand auch ist, da militärische Einsätze auch immer eine Machtdemonstration sind und ihnen immer mehrere Beweggründe zugrunde liegen, bleibt immer noch die Tatsache, dass MittelpazifistInnen mit ihrem Konzept noch keine Hegemonie erreicht haben und es mindestens so lange zu Situationen kommen wird, bei denen Völkermorde oder ethnische Säuberungen zu befürchten sind.

So ist es einerseits nicht ganz falsch, dass Völkermorde oder ethnische Säuberungen erst im Nachhinein mit völliger Gewissheit als solche erkannt werden können. Andererseits gibt es aber auch einige Begebenheiten, wo entweder massive Menschenrechtsverletzungen, wie im Kosovo, wegen starker Parallelen zu wenige Jahre zurückliegenden Geschehnissen als erwartbar erscheinen oder, wie im Fall Ruandas, durch staatliche Hetzpropaganda sich im Vorhinein abzeichnen. So hält es der Autor trotz aller Bedenken mit dem zitierten Bischof Ambrosius von Mailand, wonach sich auch derjenige schuldig macht, der nicht gegen begangenes bzw. erwartbares Unrecht vorgeht. Solange es in unseren Gesellschaften zu großen Verbrechen wie Völkermord oder ethnischen Säuberungen kommt, muss es möglich sein, dies mit umfänglichen, also auch gewaltintensivierten Handlungsoptionen beantworten zu können.

Ein weiterer Kritikpunkt am Mittelpazifismus, der wie letzterer Punkt auch ein Argument für einen Zweckpazifismus darstellt, ist, dass auch viele MittelpazifistInnen nicht den gewaltreduzierenden Einfluss eines liberalen Rechtsstaats mit Gewaltmonopol bestreiten. Allerdings wird dies bei einer Konstruktion getan, die in Analogie zu Kants *Zum Ewigen Frieden* dieses Prinzip eines Gewaltmonopols und einer Weltinnenpolitik auf die internationale Ebene übertragen möchte. Eine berechtigte, wenn auch nicht unauflösbare Kritik wird hier darin gesehen, dass Polizeieinsätze zur Verbrechensbekämpfung auf nationaler Ebene nicht, wie von vielen ZweckpazifistInnen bekundet, ohne Weiteres auf die internationale Ebene zu übertragen sind. Denn ein solcher Einsatz auf internationaler Ebene wäre aufgrund der erheblich komplexeren Situation weitaus schlechter zu überwachen und damit die auf ein Ende der Gewalt abzielende Wirkung gefährdet. Gleichwohl ist es angesichts einer immer stärker entgrenzten Welt, was beispielsweise Personen-, Waren-, Finanz- und Datenströme anbelangt, unabdingbar, zu einem globalen Regieren zu kommen und hierbei analog zum Nationalstaat auf ein Weltgewaltmonopol zu setzen, um aus dem gewaltbehafteten Naturzustand zwischen den Staaten zu treten.

Neben diesen positiven Zuschreibungen enthalten Zweckpazifismen allerdings auch Charakteristika, die die Gewalt betreffend äußerst bedenklich sind bzw. sein können. Anknüpfend an den letzten Absatz besteht die Gefahr, dass militärische Handlungen, die im Sinne einer Weltinnenpolitik betrieben werden, nicht mehr als Gewalt, sondern lediglich als eine legitime Herrschaftsausübung wahrgenommen werden und damit gleichzeitig ein Ansatzpunkt der Kritik genommen wird. Denn nach einer solchen von vielen ZweckpazifistInnen vorgenommenen Deutung kann als Gewalt dann nur noch das gelten, was gegen die zweckpazifistische Ordnung verstößt. Die gewaltintensiven zweckpazifistischen Handlungen hingegen sind zivilisatorischer und progressiver Natur, womit ein gewichtiger Grund entfällt, diese zu überwinden. Eine zweckpazifistische Konstruktion kann also Gefahr laufen, dass sie nicht die Institution des Kriegs überwindet, sondern selbst zu einer Institution des Krieges wird.

Überdies besteht die Gefahr, allein, weil die Möglichkeit existiert, auf ein gewaltintensiviertes Mittel zurückzugreifen und dieses als besonders wirksam zu erachten, und dies dann nicht nur als Ultima Ratio geschieht, sondern eine Verschiebung hin zur Prima Ratio vonstattengeht.

Die Grünen der Anfangszeit standen nicht vor dem innerparteilichen Konflikt, sich für einen der beiden Pazifismen entscheiden zu müssen. Zum einen erschwerte der damalige internationale Bezugsrahmen einer bipolaren Weltordnung zweckpazifistische Festlegungen erheblich. Wie sollte in einer Zeit der friedensbedrohenden Systemantagonie, die gerade in den Achtzigerjahren des 20. Jahrhunderts einen erneuten Auftrieb erhielt, eine funktionierende weltweite Friedensordnung errichtet werden? Noch wichtiger war zum anderen, dass die nukleare Bedrohung aller nur noch friedliche Mittel als vertretbare Handlungsoption erscheinen ließ.

Somit entwickelten die Grünen zwar schon zu Beginn Verortungen bezüglich eines positiven Friedens, der qua Recht eine Weltinnenpolitik herstellen sollte, jedoch bestand ein extrem ausgeprägter Fokus auf das vermeintlich gewaltfreie Mittel bzw. auf die Negation unfriedlicher Mittel und somit ein eindeutiger Mittelpazifismus. Das heißt also auch, dass bei Bündnis 90/Die Grünen schon immer Elemente eines Zweckpazifismus anzutreffen waren und somit kein Mittelpazifismus in Reinform bestand.

Der Problematik der Mittel/Zweck-Symmetrie konnten auch die Grünen nicht entgehen. Einerseits mussten ihre Mittel den historischen Erfordernissen entsprechend friedlich sein, aber andererseits mussten sie auch dem Effektivitätsdenken ihrer Mitglieder und der BürgerInnen entsprechen. Dies führte zu einer eigenwilligen Kategorisierung dessen, was als Gewalt definiert wurde und was nicht. Demnach wurde militärische bzw. intensivierte Gewalt als Gewalt betrachtet, aber Gewalt, die sich unterhalb dieser Schwelle bewegte, wurde als gewaltfrei deklariert – und dies, obwohl die Grünen Programme und Beschlüsse ausgiebig Zeugnis davon geben, dass die Grünen sehr wohl ein Wissen um beispielsweise strukturelle Gewalt hatten.

Die programmatische Festlegung auf einen Mittelpazifismus wurde im darauf folgenden Jahrzehnt durch den Wegfall des Ost-West-Konflikts erheblichen Belastungen ausgesetzt. Denn nunmehr öffnete das vermeintliche *Ende der Geschichte* Raum für zweckpazifistische Überlegungen. Doch noch bedeutender für die pazifistische Entwicklung der Grünen war der Krieg im ehemaligen Jugoslawien, der in Form von ethnischen Säuberungen an pazifistische Grundfesten von Bündnis 90/Die Grünen rührte.

Aber die Entwicklung weg vom Mittelpazifismus vollzog sich nicht in einem linearen Prozess, da die Forderung nach Gewaltfreiheit einen gewichtigen Teil der Parteiidentität darstellte und deswegen noch bis in die Mitte des letzten Jahrzehnts daran festgehalten wurde. Beschlüssen hin zu einem Zweckpazifismus folgten in den folgenden Jahren mitunter Beschlüsse, die wieder verstärkt auf einen Mittelpazifismus abzielten. So zeigt sich die höhere Bereitschaft der Bündnisgrünen zu einem Gewalteinsatz erst über einen mehrjährigen Zeitabschnitt, wonach sie von zollpolizeilichen VN-Einheiten über gewaltintensive mandatierte Blauhelmtruppen programmatisch die Symmetrie von Mittel und Zweck verließen und ihren Fokus auf zweckpazifistische Konstruktionen legten. Eine bedeutende Rolle spielte hierbei die Realo-Strömung bzw. deren unangefochtener Protagonist Joschka Fischer, um einer angestrebten Regierungsverantwortung keine mittelpazifistischen Steine in den Weg zu legen. Wenngleich Volmer noch in seinem Werk von 1998 zu dem Urteil gelangt, dass auch die Grüne Verortung von 1994, die noch relativ stark einem Mittelpazifismus zuneigte, einer Regierungsbeteiligung nicht im Wege gestanden hätte, ist dem hier nicht beizupflichten. Demnach hätte die mittelpazifistische Verortung nicht einem rot-grünen Koalitionsvertrag im Weg gestanden, aber sicherlich einem dem Kosovo-Konflikt ähnlich gelagerten Krieg, wie es sich wenige Jahre später bewahrheiten sollte.

Denn der erste Kampfeinsatz deutscher Soldaten seit dem 2. Weltkrieg fand unter rot-grüner Regentschaft im ehemaligen Jugoslawien statt. Die Bündnisgrüne Programmatik hatte sich zwar in pazifistischer Hinsicht im Vergleich zum Wahlprogramm von 1994 mehr hin zu einem Zweckpazifismus verschoben, jedoch nicht in einer Weise, die einen Kriegseinsatz im Rahmen der NATO erlaubt hätte. Die Wegbereitung für diese Grüne Zäsur bereitete somit die mehrheitlich realpolitisch orientierte Bundestagsfraktion, die somit zum wiederholten Male über das herrschende pazifistische Verständnis der Partei hinausging. Als es dann aber zum Kriegseinsatz kam, dieser zudem nicht die anvisierten Erfolge zu erreichen schien, sondern stattdessen der Eindruck entstand, dass der NATO-Luftkrieg mehr Opfer produzierte als er Menschenleben schützte, sah es so aus, als ob die Partei nicht mehr gewillt war, diesen Kurs mitzutragen.

Es kam zu einer Einberufung einer Sonder-BDK, die in ausführlicher und heftig umkämpfter Weise – erinnert sei hier nur an den Farbbeutelwurf auf Fischer sowie eine generell extrem hitzige Debattenatmosphäre – die Gewaltfrage in der Außenpolitik, wie das Grundsatzprogramm von 2002 zeigen sollte, beantwortete und damit eine Entscheidung über den pazifistischen Kurs der Grünen bis heute festlegte.

In der Parteitags-Debatte wurde seitens Fischers, aber nun auch von Volmer oder Müller auf die deutsche NS-Zeit, wenn auch meist indirekt, Bezug genommen. Der Grüne Außenminister griff in diesen Argumentationen auf Muster zurück, die er bereits in seinem Brief an die Fraktion und Partei entwickelt hatte. Auch wenn er dies in seinem Buch über die rot-grüne Regierungszeit bestreitet bzw. relativiert, vollzog Fischer mit *Nie wieder Krieg* und *Nie wieder Faschismus* und dergleichen eine, wenn auch nicht explizite Gleichsetzung der Verbrechen im Kosovo mit denen des deutschen Faschismus, wobei sich jede diesbezügliche Gleichsetzung aufgrund der Einzigartigkeit der deutschen Verbrechen, der Schoah, verbietet.

Fischer ist sich dieser Tatsache, wie nicht nur das erwähnte Buch belegt, durchaus bewusst, weswegen die Motivation für derartige Argumentationen in parteistrategischem Kalkül zu sehen ist. So hatte Fischer zwar seinen Rücktritt von einer bestimmten Beschlusslage abhängig gemacht, die erste rot-grüne Regierung schien beendet zu werden, bevor sie nach 16 Jahren Kohl überhaupt erst richtig angefangen hatte zu regieren, aber auch die Gefährdung der individuellen Lebensentwürfe einzelner Delegierter schien keine Sicherheit für einen genehmen Parteitagsbeschluss zu liefern. Um das Militär als ein Mittel der Außenpolitik einsetzen zu können, wurde das argumentatorische Geschütz eines vermeintlich erneuten Faschismus aufgefahren. Damit ist auch zu erklären, warum nun auch Volmer und Müller hierauf zurückgriffen.

Dabei stellt sich die Frage, jenseits einer moralischen Wertung, ob dies wirklich notwendig war, ob es nicht gereicht hätte, auf die Geschehnisse in Bosnien wenige Jahre zuvor und die Parallelen zum Kosovo zu verweisen. Gewiss wäre es dann für die Einsatz-BefürworterInnen mindestens schwieriger und auf jeden Fall nicht wie letztlich eingetreten ein relativ sicherer Abstimmungserfolg geworden, allerdings hätte dieser pazifistische Kurswechsel somit nicht um den Preis einer Gleichsetzung mit dem und damit einer Relativierung des Nationalsozialismus erkauft werden müssen.

Da die Bündnisgrünen aufgrund der Verschiebungen im Mittel sich mit der Bielefelder Sonder-BDK von einem Mittelpazifismus abwendeten und in dem Antrag der besagten BDK und in dem Grundsatzprogramm von 2002 deutliche Verortungen bezüglich eines positiven Friedens in Form einer auf Recht bzw. auf Menschenrechten fußenden Friedensordnung für eine Weltinnenpolitik tätigten, also die Anforderungen an einen Zweckpazifismus erfüllt zu sein schienen, könnte man nun die diesem Buch zugrunde liegende Hauptfragestellung nach der pazifistischen Verortung von Bündnis 90/Die Grünen scheinbar leicht beantworten. Denn nach einer solchen Inaugenscheinnahme wäre hier in der Tat der neueren Grünen pazifistischen Ausrichtung ein Zweckpazifismus zu bescheinigen. Außer Acht gelassen wurde hierbei allerdings, dass Bündnis 90/Die Grünen über die Umgehung der VN beim Kosovo-Konflikt selbst das Völkerrecht und eine Weltinnenpolitik durch die VN schwächten, indem sie einen Präzedenzfall schufen, der für die Umgehung der VN in ähnlich gelagerten Fällen herangezogen werden kann. Wie gravierend dieser Präzedenzfall war, also wie oft in den nächsten Jahren sich hierauf bezogen wird, oder ob sich der sehnliche Wunsch der seinerzeitigen Partei-ProtagonistInnen nach einem Ausnahmefall bewahrheitet, wird erst die Zukunft zeigen.

Nichtsdestotrotz stellen die Umgehung der VN und die nachträgliche Absegnung dessen durch das Grundsatzprogramm von 2002, obgleich hier auch ein deutliches Sich-Aussprechen für die VN erfolgte, ein Hindernis dar, die Grünen in einem Zweckpazifismus zu verorten, da sie in Regierungsverantwortung dem zuwiderhandelten.

Zudem bleibt auch an anderer Stelle nach der Übereinstimmung von Grüner zweckpazifistischer Programmatik und Regierungshandeln zu fragen. Demnach äußern die Bündnisgrünen in ihrem Grundsatzprogramm, intensivierte Gewalt nur als ein letztes Mittel einzusetzen, um ihre außenpolitischen Vorstellungen als pazifistisch vermitteln zu können, da für viele BürgerInnen und auch Mitglieder die Gewaltverneinung als wichtiges pazifistisches Merkmal betrachtet wird. Auch für einen Zweckpazifismus gilt es nicht zu oft auf militärische Mittel zurückzugreifen, da sonst der theoretische Bezugsrahmen der Friedensstiftung hintertrieben würde. Diesem programmatischen Willen steht allerdings entgegen, dass in sieben Jahren rot-grüner Regierungszeit neben dem Kosovo-Konflikt zwei weitere größere militärische Einsätze, die Beteiligung an der Operation Enduring Freedom und an der ISAF-Mission in Afghanistan, zu verzeichnen sind. Diese lösten bei den Grünen als auch im bundesrepublikanischen Diskurs nicht mehr ähnlich gelagerte Diskussionen aus, da die Frage nach Einsätzen der Bundeswehr sowohl bei Bündnis 90/Die Grünen als auch in der BRD weitgehend durch die Kosovo-Diskussion bearbeitet wurde, da die Diskurswellen bei den darauf folgenden Kriegseinsätzen bei Weitem nicht so hoch schlugen. Gleichwohl kontrastiert der zweckpazifistische Anspruch mit dem wiederholten Rückgriff auf gewaltintensiv mandatierte Bundeswehreinsätze angesichts eines zuvor fast fünf Jahrzehnte währenden Verzichts der BRD auf militärische Mittel. Überdies fand diese vergleichsweise starke Fokussierung auf das Militärische unter einer rot-grünen Regierung statt, die ursprünglich angetreten war, um Außenpolitik zur Friedenspolitik zu machen.

Eine solche Kritik lässt allerdings zum einen außen vor, dass durch das Ende des Ost-West-Konflikts und durch die wiedererlangte volle Souveränität der BRD sich die außenpolitischen Aufgaben und auch die Ansprüche der deutschen Partnerländer an die BRD wandelten. Bündnisanforderungen beispielsweise, wie nach dem 11.9.2001 durch die USA, können sich Länder wie die BRD nur unter Zahlung eines sehr hohen politischen Preises entziehen. Diesen Anforderungen musste sich zum anderen auch eine Regierungspartei wie Bündnis 90/Die Grünen stellen, die zudem der bedeutend kleinere Koalitionspartner war. Hätten die Bündnisgrünen sich hier verweigert, wie die kritisierenswerte[34] Verknüpfung der Abstimmung über den Afghanistan-Einsatz mit der Vertrauensfrage des Bundeskanzlers gezeigt hat, wäre Bündnis 90/Die Grünen in die Opposition gegangen, ohne die Möglichkeit zu haben, andere Punkte umsetzen zu können.

Der Preis hierfür war, dass in der rot-grünen Regierungszeit eine Entwicklung hin zur Überwindung der Institution des Krieges angesichts der vielmaligen Bezugnahme auf das Militär als ein Mittel der Außenpolitik nicht zu beobachten war – dies vor allem nicht, da die NATO durch alle drei militärischen Operationen aufgewertet wurde. Dem steht gewiss entgegen, dass die Grünen sich nicht am Irak-Krieg beteiligten und friedliche Mittel wie den Aufbau des Zivilen Friedensdients verstärkt unterstützten, allerdings kann dies den obigen Befund nicht aufwiegen.

Somit muss also unterschieden werden, was Bündnis 90/Die Grünen programmatisch als Partei wollen und was sie letztlich in einer Regierungskoalition an eigenen Vorstellungen realisieren und wie bzw. ob diese mit dem internationalen Umfeld korrespondieren, auf das aufgrund gewachsener internationaler Strukturen und des begrenzten nationalen Einflusses nur bedingt eingewirkt werden kann. Diesem relativ milden, weil die Exekutive entlastenden Urteil das Regierungshandeln betreffend kann gewiss entgegnet werden, dass pazifistische Politik als einer der Bündnisgrünen Kernpunkte wahrgenommen wurde bzw. wird und sie diesem Anspruch, der nicht nur auf der Grünen Historie, sondern auch auf dem Wahlprogramm und dem Koalitionsvertrag gründete, zu wenig entsprochen haben. Daraus könnte dann der Rückschluss gezogen werden, dass der Programmatik von Bündnis 90/Die Grünen in diesem Bereich bei derartigen Zuwiderhandlungen kein besonderer Stellenwert eingeräumt wird.

Aber so nachvollziehbar solche Einwendungen auch sind, können Wahlprogramme in einem demokratischen Mehrparteiensystem bzw. in einer Koalition als kleinerer Partner nicht eins zu eins übertragen werden, und zudem musste die von Rot-Grün geformte Außenpolitik sich mindestens ein Stück weit in die außenpolitische Tradition der Vorgängerregierung einfügen, die sich über die Neunzigerjahre sukzessive militarisiert hatte (vgl. Friedensratschlag

34 Kritisierenswert, da eine Abstimmung über Auslandseinsätze der Bundeswehr, also eine recht unmittelbare Entscheidung über Leben und Tod, dem Gewissen freigestellt sein und nicht durch eine Neuwahlen-Drohkulisse belastet werden sollte.

2000: 38), da dies ansonsten zu Irritationen seitens der Partnerländer geführt hätte. Überdies kann ein nicht unwesentlicher Teil deutscher Außenpolitik aufgrund von Bündnisverpflichtungen oder der Mitgliedschaft in internationalen Organisationen oder der supranationalen Organisation EU nicht autonom und damit nicht strikt nach Vorgaben einer kleinen Partei gestaltet werden.

Während also der neueren Programmatik der Partei, wie oben bereits erläutert, ein Zweckpazifismus attestiert werden kann, trifft dies in Bezugnahme auf obige Erläuterungen auf das Grüne Regierungshandeln nicht zu. Argumentationen von einem Zweckpazifismus bzw. politischen Pazifismus als eine Beschreibung Grüner Regierungspraxis dienen damit eher der Bindung friedensbewegter WählerInnen und Parteimitglieder als einer zutreffenden pazifistischen Einordnung.

Circa 30 Jahre nach den Friedensdemonstrationen sind Bündnis 90/Die Grünen nach einigen programmatischen Veränderungen und nach den ersten unter Grüner Regierungsbeteiligung geführten militärischen Einsätzen der Bundesrepublik somit immer noch eine pazifistische und zwar eine zweckpazifistische Partei, auch wenn diese Einschätzung von vielen BeobachterInnen nicht geteilt wird, da sie entweder nur Mittelpazifismen einen Pazifismusstatus zuerkennen oder weil sie keinen Unterschied zwischen der Partei- und der Regierungsebene machen.

Auch wenn die Grünen, wie durch Volmer oder durch den Bielefelder Sonder-BDK-Antrag vorgenommen, diesen Zweckpazifismus gern als politischen Pazifismus bezeichnen, wird hier davon Abstand genommen. Denn eine solche Bezeichnung nimmt eine Wertung vor, indem sie anderen Pazifismen implizit das Politische abspricht, diese somit en passant als nicht politikfähig deklariert werden. Insofern wird die Grüne Ausformung hier als ein Rechtspazifismus eingeordnet, da die Bündnisgrüne Programmatik einen Fokus auf eine Verrechtlichung der internationalen Beziehungen im Sinne einer Friedensstiftung legt.

Hieß es vor dreißig Jahren bei den Grünen also noch *Kampf dem Atomtod* mit gewaltfreien Mitteln, so heißt heute die programmatische Entsprechung *Für ein internationales Friedensrecht,* mitunter auch mit gewaltintensivierten Mitteln. Daran lässt sich ablesen, dass das pazifistische Verständnis von Bündnis 90/Die Grünen großen Wandlungen unterlag, wobei Ansätze zu einem Zweckpazifismus schon von Beginn an vorhanden waren, jedoch der Fokus auf die Negierung des Gewalteinsatzes im Mittel und damit ein Mittelpazifismus überwog. Diese beiden, zu verschiedenen Zeiten und unterschiedlichen politischen Bezugsrahmen, vorherrschenden pazifistischen Pole stellen gleichsam die beiden pazifistischen Hauptausprägungen dar.

Jedoch wird gerade der Ausprägung des Zweckpazifismus bzw. die Frage nach einem solchen in Bezug auf die pazifistische Verortung von Bündnis 90/Die Grünen in der Forschung wenig Beachtung geschenkt, obwohl die pazifistische Auseinandersetzung der Grünen, die auf dem Feld der Außenpolitik ausgetragen wurde, großen medialen Widerhall erzeugte. Somit wird meist entweder der Zweckpazifismus schlicht nicht als eine pazifistische Ausprägung anerkannt bzw. nur ein Mittelpazifismus als pazifistischer Maßstab genommen oder die Untersuchung wird von Personen wie Volmer oder Nachtwei vorgenommen, die stark ins Parteigeschehen involviert sind bzw. waren. Dies steht im Kontrast zu der Vielzahl an wissenschaftlicher Literatur, die sich mit der Außenpolitik von Bündnis 90/Die Grünen im Allgemeinen beschäftigen und damit auch die Thematik der pazifistischen Verortung berühren.

Es wäre daher wünschenswert und gewinnbringend, wenn die politikwissenschaftliche Forschung unter expliziter Bezugnahme auf aktuelle pazifistische Forschungen eine differenziertere Untersuchung der außenpolitischen Programmatik sowie des Regierungshandelns mehr Beachtung schenken würde. Zum einen, um eine Forschungslücke zu schließen. Zum anderen, um die gewonnenen Erkenntnisse in den politischen Diskurs einfließen zu lassen, damit das schwierig greifbare Ziel des weltumspannenden und womöglich ewigen Friedens im Sinne Kants fassbarer und damit realistischer wird.

Literaturverzeichnis

Alexandra, Andrew (2006): On the Distinction between Pacifism and Pacificism, in: Bleisch, Barbara/Strub, Jean-Daniel (Hrsg.): Pazifismus Ideengeschichte, Theorie und Praxis, Bern: Haupt Verlag, S. 107-124.

Bahro, Rudolf/Vester, Michael (1982): Dieses Konzept bricht sieben Tabus und entwirft eine Perspektive, in: Bundesvorstand die Grünen: Entrüstet Euch. Analysen zur atomaren Bedrohung, Wege zum Frieden, Köln: Farbo Druck, S. 75–79.

Bleisch, Barbara/Strub, Jean-Daniel (2006): Einleitung, in: Bleisch, Barbara/Strub, Jean-Daniel (Hrsg.): Pazifismus: Ideengeschichte, Theorie und Praxis, Bern: Haupt Verlag, S. 9–42.

Brock, Lothar (1997): Den Frieden erwirtschaften, in: Senghaas, Dieter: Frieden machen, Frankfurt/Main: Suhrkamp Verlag, S. 397–418.

Brücher, Gertrud (2008): Pazifismus als Diskurs, Wiesbaden: Verlag für Sozialwissenschaften.

Bundesausschuss Friedensratschlag (2000): Friedens-Memorandum 2000, Kassel.

Calic, Marie-Janine (1996): Krieg und Frieden in Bosnien-Hercegovina, Frankfurt/Main: Suhrkamp Verlag.

Cortright, David (2008): Peace, a history of movements and ideas, Cambridge: Cambridge University Press.

Czempiel, Ernst-Otto (2002): Der Friedensbegriff der Friedensforschung, in: Ziemann, Benjamin (Hrsg.): Perspektiven der Historischen Friedensforschung, Essen: Klartext-Verlag, S. 43–56.

Delbrück, Jost (1997): Wirksameres Völkerrecht oder neues „Weltinnenrecht"? Perspektiven der Rechtsentwicklung in einem sich wandelnden internationalen System, in: Senghaas, Dieter (Hrsg.): Frieden machen, Frankfurt/Main: Suhrkamp Verlag, S. 482–512.

Diedrich, Thomas (2009): Der Warschauer Pakt. Von der Gründung bis zum Zusammenbruch 1955 bis 1991, Berlin: Christoph Links Verlag.

Ditfurth, Jutta (2001): Das waren die Grünen. Abschied von einer Hoffnung, München: Econ Ullstein List Verlag.

Fischer, Joschka (2007): Die rot-grünen Jahre, Köln: Kiepenheuer & Witsch.

Friedrich, Roland (2005): Die deutsche Außenpolitik im Kosovo-Konflikt, Wiesbaden: Verlag für Sozialwissenschaften.

Fukuyama, Francis (1992): Das Ende der Geschichte, München: Kindler Verlag.

Geis, Matthias/Ulrich, Bernd (2002): Der Unvollendete. Das Leben des Joschka Fischer, Berlin: Alexander Fest Verlag.

Gollwitzer, Helmut (1982): Warum ich den Krefelder Aufruf unterstütze, in: Bundesvorstand die Grünen (1982): Entrüstet Euch. Analysen zur atomaren Bedrohung, Wege zum Frieden, Köln: Farbo Druck, S. 16.

Gore, Al (1992): Wege zum Gleichgewicht. Ein Marshallplan für die Erde, Frankfurt/Main: S. Fischer Verlag.

Grotefeld, Stefan (2007): Pazifismus oder Pazifizismus? Replik auf Wolfgang Lienemann, in: Strub, Jean-Daniel/Grotefeld, Stefan: Der gerechte Friede zwischen Pazifismus und gerechtem Krieg. Paradigmen der Friedensethik im Diskurs, Stuttgart: Kohlhammer Verlag, S. 101–115)

Haspel, Michael (2006): Die Grenzen des Pazifismus in einer Ethik der internationalen Beziehungen, in: Bleisch, Barbara/Strub, Jean-Daniel (Hrsg.): Pazifismus: Ideengeschichte, Theorie und Praxis, Bern: Haupt Verlag, S. 177–191.

Hauser, Gunther (2008): Die NATO – Transformation, Aufgaben, Ziele, Frankfurt/Main: Peter Lang Internationaler Verlag der Wissenschaften.

Holl, Karl (1988): Pazifismus in Deutschland, Frankfurt/Main: Suhrkamp Verlag.

Holmes, Robert L. (2006): Pacifism, Just War and Humanitarian Intervention, in: Bleisch, Barbara/Strub, Jean-Daniel (Hrsg.): Pazifismus: Ideengeschichte, Theorie und Praxis, Bern: Haupt Verlag, S. 145–161.

Joetze, Günter (2001): Der letzte Krieg in Europa. Das Kosovo und die deutsche Politik, Stuttgart: Deutsche Verlags-Anstalt.

Johnstone, Diana (1999): Das Račak-Massaker als Auslöser des Krieges, in: Bittermann, Klaus/ Deichmann, Thomas (Hrsg.): Wie Dr. Joseph Fischer lernte die Bombe zu lieben. Die Grünen, die SPD, die Nato und der Krieg auf dem Balkan, Berlin: Verlag Klaus Bittermann, S. 52–68.

Kant, Immanuel (2002 [1795]): Zum ewigen Frieden, Stuttgart: Reclam.

Kater, Thomas (2006): Gegen den Krieg - Für welchen Frieden? Philosophie und Pazifismus im 20.Jahrhundert, in: Bleisch, Barbara/Strub, Jean-Daniel (Hrsg.): Pazifismus: Ideengeschichte, Theorie und Praxis, Bern: Haupt Verlag, S. 89–106.

Kempf, Beatrix (1987): Bertha von Suttner Schriftstellerin - Politikerin - Pazifistin, München: Wilhelm Heyne Verlag.

Kleinert, Hubert (1992): Vom Protest zur Regierungspartei. Die Geschichte der Grünen, Frankfurt/Main: Eichborn Verlag.

Köhler, Michael (2007): Si vis pacem, para pacem? Friede durch internationale Organisation als Option für das 21. Jahrhundert, Frankfurt/Main: Lang Verlag.

Lienemann, Wolfgang (2007): Verantwortungspazifismus - legal pacifism, in: Strub, Jean-Daniel/Grotefeld, Stefan: Der gerechte Friede zwischen Pazifismus und gerechtem Krieg. Paradigmen der Friedensethik im Diskurs, Stuttgart: Kohlhammer Verlag, S. 75–99.

Lutz, Dieter S. (2004): Friedensforschung - normativ, interdisziplinär, praxisorientiert, in: Eckern, Ulrich/Herwartz-Emden, Leonie/Schultze, Rainer-Olaf: Friedens- und Konfliktforschung in Deutschland. Eine Bestandsaufnahme, Wiesbaden: Verlag für Sozialwissenschaften, S. 23–32.

Lüder, Sascha Rolf (2004): Völkerrechtliche Verantwortlichkeit bei Teilnahme an „Peace-keeping"-Missionen der Vereinten Nationen, Berlin: Berliner Wissenschafts-Verlag.

Maltry, Karola (1993): Die neue Frauenfriedensbewegung. Entstehung, Entwicklung, Bedeutung, Frankfurt/Main: Campus-Verlag.

Melčić, Dunja (1999): Der Jugoslawien-Krieg. Handbuch zur Vorgeschichte, Verlauf und Konsequenzen, Opladen/Wiesbaden: Westdeutscher Verlag.

Miller, Susanne (1988): Kleine Geschichte der SPD. Darstellung und Dokumentation 1848–1983, Bonn: Neue Gesellschaft Verlag.

Mühleisen, Hans-Otto (2004): Politikwissenschaftliche Friedensforschung - ein Überblick, in: Eckern, Ulrich/Herwartz-Emden, Leonie/Schultze, Rainer-Olaf: Friedens- und Konfliktforschung in Deutschland. Eine Bestandsaufnahme, Wiesbaden: Verlag für Sozialwissenschaften, S. 33–58.

Müller, Olaf L. (2007): Pazifismus mit offenen Augen, in: Strub, Jean-Daniel/Grotefeld, Stefan: Der gerechte Friede zwischen Pazifismus und gerechtem Krieg. Paradigmen der Friedensethik im Diskurs, Stuttgart: Kohlhammer Verlag, S. 23–59.

Nachtwei, Winfried (2006): Pazifismus zwischen Ideal und politischer Realität, in: Bleisch, Barbara/Strub, Jean-Daniel (Hrsg.): Pazifismus: Ideengeschichte, Theorie und Praxis, Bern: Haupt Verlag, S. 303–317.

Narveson, Jan (2006): Is Pacifism Self-Refuting, in: Bleisch, Barbara/Strub, Jean-Daniel (Hrsg.): Pazifismus: Ideengeschichte, Theorie und Praxis, Bern: Haupt Verlag, S. 127–144).

Naßmacher, Hiltrud (2004): Politikwissenschaft, Oldenbourg: Wissenschaftsverlag.

Noctiummes, Tania/Page, Jean-Pierre (1999): Ein imperialistischer Krieg für eine neue Weltordnung, in: Cremer, Ulrich/Lutz, Dieter S. (Hrsg.): Nach dem Krieg ist vor dem Krieg. Die Sicht der anderen zum Kosovo-Krieg und ihre alternativen Lehren und Konsequenzen, Hamburg: VSA-Verlag S. 27–59.

Raschke, Joachim (1993): Die Grünen. Wie sie wurden was sie sind, Köln: Bund-Verlag.

Rittberger, Volker/Kruck, Andreas/Romund, Anne (2010): Grundzüge der Weltpolitik. Theorie und Empirie des Weltregierens, Wiesbaden: Verlag für Sozialwissenschaften.

Roth, Roland (2008): Die sozialen Bewegungen in Deutschland seit 1945, Frankfurt/Main: Campus Verlag.

Rupnik, Jacques (1999): Die Welt im Balkanspiegel: das Agieren der Großmächte, in: Melčić, Dunja (Hrsg.): Der Jugoslawien-Krieg. Handbuch zur Vorgeschichte, Verlauf und Konsequenzen, Opladen/Wiesbaden: Westdeutscher Verlag, S. 463–477.

Schmid, Thomas (1999): Krieg im Kosovo, in: Schmid, Thomas (Hrsg.): Krieg im Kosovo, Reinbek: Rowohlt-Taschenbuch-Verlag, S. 15–36.

Schmidt, Christian Y. (1999): Die Grünen, die NATO und der Krieg, in: Bittermann, Klaus/ Deichmann, Thomas (Hrsg.): Wie Dr. Joseph Fischer lernte die Bombe zu lieben. Die Grünen, die SPD, die Nato und der Krieg auf dem Balkan, Berlin: Verlag Klaus Bittermann, S. 133–154.

Schmillen, Achim: Stolpern in das 21. Jahrhundert. Thesen zur bündnisgrünen Außen- und Friedenspolitik vor der Jahrtausendwende, in: Probst, Lothar: Kursbestimmung Bündnis 90 Grüne. Eckpunkte künftiger Politik, Köln: Bund-Verlag, S. 65–85.

Sedlmayer, Sebastian (2008): Die aktive Außen- und Sicherheitspolitik der rot-grünen Bundesregierung 1998–2005, Wiesbaden: Verlag für Sozialwissenschaften.

Stephan, Cora (1999): Der moralische Imperativ. Die Friedensbewegung und die neue deutsche Außenpolitik, in: Schmid, Thomas (Hrsg.): Krieg im Kosovo, Reinbek: Rowohlt-Taschenbuch-Verlag, S. 269–277.

Toennies, Sibylle (1997): Pazifismus passé?, Hamburg: Rotbuch Verlag.

Trautmann, Dieter (1982): Soziale Verteidigung als Alternative zur militärischen Verteidigung, in: Bundesvorstand die Grünen: Entrüstet Euch. Analysen zur atomaren Bedrohung, Wege zum Frieden, Köln: Farbo Druck, S. 128–137.

Volmer, Ludger (1998): Die Grünen und die Außenpolitik - ein schwieriges Verhältnis, Münster: Westfälisches Dampfboot Verlag.

Volmer, Ludger (2009): Die Grünen: Von der Protestbewegung zur etablierten Partei - Eine Bilanz, München: C.Bertelsmann Verlag.

Wolf, Klaus Dieter (2005): Die UNO. Geschichte, Aufgaben, Perspektiven, München: C.H.Beck Verlag.

Grüne Quellen

Bundesvorstand Bündnis 90/Die Grünen (2004): 25 Jahre Grüne Geschichte(n) 1979–2004, Kassel: Druckhaus Dierichs.

Bundesvorstand die Grünen (1982): Krefelder Appell an die Bundesregierung, in: Bundesvorstand die Grünen: Entrüstet Euch. Analysen zur atomaren Bedrohung, Wege zum Frieden, Köln: Farbo Druck, S. 16.

Bundesvorstand die Grünen (1982): Aufruf der Russell Peace Foundation für eine atomwaffenfreie Zone in Europa, in: Bundesvorstand die Grünen (1982): Krefelder Appell an die Bundesregierung, in: Bundesvorstand die Grünen: Entrüstet Euch.

Analysen zur atomaren Bedrohung, Wege zum Frieden, Köln: Farbo Druck, S. 74.

Die Grünen (1980): Das Bundesprogramm.

Die Grünen (1983): Diesmal die Grünen. Warum? Ein Aufruf zur Bundestagswahl 1983.

Die Grünen (1993): Assoziationsvertrag wie von den parallelen Bundesversammlungen Bündnis 90 und Die Grünen am 17. Januar 1993 in Hannover beschlossen, Bonn.

Die Grünen (1994): Nur mit uns Bündnis 90/Die Grünen Programm zur Bundestagswahl 1994.

Die Grünen (1998): Programm zur Bundestagswahl 98. Grün ist der Wechsel.

Die Grünen (2002): Die Zukunft ist grün. Grundsatzprogramm von Bündnis 90/Die Grünen.

Archiv Grünes Gedächtnis

Grünes Archiv 1: Bundesvorstand der Grünen: Friedensmanifest, Archiv Grünes Gedächtnis: Bibliothek 2005/C2, SBe 258-1(2).

Grünes Archiv 2: Beschluss des Länderrats vom 11.–13. Juni 1993, Archiv Grünes Gedächtnis: Bestand B.II.2, Akte Nr.: 246.

Grünes Archiv 3: Gewaltfreiheit und Menschenrechte - friedenspolitische Grundlinien von Bündnis 90/Die Grünen, Beschluss der außerordentlichen Bundesversammlung vom 9.10.1993 in Bonn, Archiv Grünes Gedächtnis: Bestand B.I.3, Akte Nr.: 75.

Grünes Archiv 4: Resolution des Parteitags von Bündnis 90/Die Grünen in Potsdam 03./04.12.1994 zur Hilfe für Bosnien/ Babelsberger Beschluss, Archiv Grünes Gedächtnis: Bestand: B.II.3, Akte Nr.: 3931.

Grünes Archiv 5: Bundestagsfraktion Bündnis 90/Die Grünen: Unsere Kontroverse um Dayton, Archiv Grünes Gedächtnis: 2000/ D3, Pol 816-35.

Grünes Archiv 6: Fischer, Joschka: Die Katastrophe in Bosnien und die Konsequenzen für unsere Partei Bündnis 90/Die Grünen. Ein Brief an die Bundestagsfraktion und an die Partei, Archiv Grünes Gedächtnis: Bestand: A-Schoppe, Waltraud, Akte Nr.: 157.

Grünes Archiv 7a: Antrag des Bundesvorstands: Frieden und Menschenrechte vereinbaren! Für einen Frieden im Kosovo, der seinen Namen zu Recht trägt, Archiv Grünes Gedächtnis: Bestand: B.I.10, Signatur 1823.

Grünes Archiv 7b: Antrag von Claudia Roth, Christian Ströbele u.a.: Die Luftangriffe sofort beenden und mit der Logik der Kriegsführung brechen, Archiv Grünes Gedächtnis: Bestand: B.I.10, Signatur 1823.

Grünes Archiv 8a: Video-Mitschnitt der Sonder-BDK Bielefeld, Archiv Grünes Gedächtnis: VK-201-K3b.

Grünes Archiv 8b: Video-Mitschnitt der Sonder-BDK Bielefeld, Archiv Grünes Gedächtnis: VK-ND202-K1.

Bundestagsquellen

Bundestag (4.5.1983): Deutscher Bundestag: Regierungserklärung, Stenographischer Bericht, Plenarprotokoll: 10/4.

Bundestag (22.9.1993): Antrag der Abgeordneten Gerd Poppe, Werner Schulz u.a.: Aufwertung und Demokratisierung der Vereinten Nationen, Drs.: 12/5728.

Bundestag (6.12.1995): Deutsche Beteiligung an den militärischen Maßnahmen zur Absicherung des Friedensvertrages für Bosnien-Herzegowina, Plenarprotokoll: 13/76.

Bundestag (16.10.1998) a: Antrag der Bundesregierung: Deutsche Beteiligung an den von der NATO geplanten begrenzten und in Phasen durchzuführenden Luftoperationen zur Abwendung einer humanitären Katastrophe im Kosovo-Konflikt, Drs.: 13/11469.

Bundestag (16.10.1998) b: Deutscher Bundestag Stenographischer Bericht, Plenarprotokoll: 13/248.

Printmedien

Der Spiegel (1992): „Die Lager müssen befreit werden", 35/1992, S. 68.

Der Spiegel (1995): Das wäre blutiger Zynismus. Joschka Fischer über die Kritik an seinem Bosnien Papier und den Pazifismus der Grünen, 34/1995, S. 27–29.

die tageszeitung (1995): „Wenn Fischer sich durchsetzt, dann wäre das für die Grünen verheerend", 17.8.1995, S. 10.

die tageszeitung (1995): Greif zur Waffe, fahr nach Sarajevo!, 12.8.1995, S. 10.

Internetquellen

AG Friedensforschung: Volmer, Ludger: Was bleibt vom Pazifismus. Die alten Feindbilder haben ausgedient/Warum militärische Mittel nicht ganz verzichtbar sind, www.ag-friedensforschung.de/themen/Pazifismus/volmer.html (Stand: 25.10.2010)

AG Friedensforschung: Hippler, Jochen: Viel Rauch, aber wenig Feuer. Was der Pazifismus-Kritiker Ludger Volmer (Grüne) mit der Enttabuisierung des Krieges (Stand: 25.10.2010)

Fischer, Joschka: Auf der Flucht vor der Wirklichkeit? Eine öffentliche Antwort auf den öffentlichen Brief von Kerstin Müller, Claudia Roth, Jürgen Trittin, Ludger Vollmer [sic], Frankfurt: 27.11.1995: www.oeko-net.de/kommune/briefe/kom200.htm (Stand: 13.11.2010)

Müller, Kerstin/Roth, Claudia/Trittin, Jürgen/Volmer, Ludger: Wohin führt die Forderung nach einer militärischen Interventionspflicht gegen Völkermord?, Bonn: 31.10.1995: www.oeko-net.de/kommune/briefe/kom202.htm (Stand: 13.11.2010)

Bildernachweis

Archiv Grünes Gedächtnis: Plakatsammlung, Fotosammlung, Berlin.